Bernd Hill

BIONIK

Die Natur als Ideenschmiede

Knabe Verlag Weimar

BERND HILL wurde 1947 geboren. Er studierte an der PH/Universität Erfurt im Schwerpunkt Polytechnik. 1987 promovierte er über Erfindungsmethodik, 1995 erfolgte seine Habilitation über Biostrategien und biologische Organisationsprinzipien an der Martin-Luther-Universität Halle.
Von 1998 bis 2012 lehrte Prof. Hill an der Universität Münster im Fachbereich Physik, Institut für Technik und ihre Didaktik. In verschiedenen Unternehmen führt er Innovationskurse durch und bezieht die angewandte Bionik in systematische Produktentwicklungsprozesse ein. Seine Forschungstätigkeit bezieht sich auf Innovationsstrategien, technische Kreativität sowie systematische und angewandte Bionik.

BILDNACHWEIS
Illustrationen Prof. em. Dr. phil. habil. Prof. h. c. Bernd Hill
Fotos Seite 12: Krzysztof Szkurlatowski@www.sxc.hu;
Seite 30: dantesz@www.sxc.hu; Seite 37: master-d@www.sxc.hu; Seite 48: livingos@www.sxc.hu;
Seite 55: Tash Whiteley@www.sxc.hu; Seite 77: G Schouten de Jel@www.sxc.hu
Alle hier nicht mit anderer Quelle benannten Fotos stammen vom Autor.

2. überarbeitete Auflage Dezember 2018

Herderplatz 11 99423 Weimar

Grafische Bearbeitung Nicole Laka
Satz und Layout Nicole Laka
Lektorat Andreas Dietmann, Gabi Springsguth
Druck und Bindung Jelgavas Tipografija SIA

Dieses Buch folgt den Regeln der neuen deutschen Rechtschreibung.

Printed in Latvia

ISBN 978-3-944575-30-8
www.knabe-verlag.de

Inhaltsverzeichnis

Vorwort 5

1 Einleitung 7

2 Wunder überall – Tolle Tricks von Pflanzen und Tieren 9

3 Natur und Technik haben ähnliche Lösungen 21

4 Was biologische Konstruktionen auszeichnet 28

5 Natur – Vorbild für die Technik 31

6 Bionik – eine neue Zukunftswissenschaft 38

7 Erfinden mit der Natur 49

Literaturverzeichnis 83

Anhang:
Arbeitsblatt 1: Bionik – Lernen von der Natur für die Technik 86
Arbeitsblatt 2: Hebel oder Rad – Erfindungen in Natur und Technik 87
Lösungen 88
Die Analogiemethode 89

Alle Titel der Buchreihe (nach Erscheinen):

1. Die Natur als Ideenschmiede
2. Von Flugfrüchten abgeschaut
3. Leichtbau
4. Riesenseerose und Kristallpalast
5. Schmetterlingen abgeschaut
6. Vom Fliegen
7. Schätze aus dem Tropenwald
8. Schwimmen und Tauchen
9. Wärmedämmung
10. Seil- & Netzkonstruktionen
11. Klimatisierung und Lüftung
12. Schönheit der Natur
13. Tarnen und Täuschen
14. Wettrüsten der Sinne
15. Arznei und Kosmetik
16. Verpacken
17. Roboter und Prothesen
18. Bionik in Wald und Flur
19. Organisation und Management
20. 1x1 des naturorientierten Erfindens

VORWORT

Lernen von der Natur

Mit dem ersten Band „Bionik – Die Natur als Ideenschmiede“ eröffnen wir die neue Buchreihe unter dem Motto „Frag' die Natur“. Diese Reihe wendet sich an eine breite Leserschaft. Sie ist sowohl auf aktiven Wissenserwerb als auch auf das eigenständige Forschen, Entdecken, Experimentieren und Erfinden ausgerichtet. Comics und Infoboxen lockern dabei die Wissensaneignung auf. Der Leser erfährt durch eigenes Handeln an interessanten Sachverhalten die Funktionalität, Vielfalt, Effizienz und Schönheit der Natur und ihre Nutzung. Die Texte enden nicht mit der Aufnahme erklärenden Wissens, sondern machen neugierig und fordern zum Hinterfragen, Beobachten, Forschen, Modellieren, Experimentieren und Konstruieren auf. Anschaulich werden Methoden des Problemerkennens und -lösens dargestellt, damit eigenes Entdecken und Erfinden möglich wird und so Freiräume für Kreativität geschaffen werden.

Damit erschließt sich in persönlicher Weise die faszinierende Welt der Naturphänomene und ihre Nutzung.

Die Bände enthalten:

- Sachinformationen über interessante und erstaunliche biologische und technische Phänomene,

- Abenteuer des Entdeckens und Erfindens in Form von Bildergeschichten,
- Denk- und Arbeitsweisen von Entdecker- und Erfinderpersönlichkeiten,
- nützliche Methoden zur individuellen Erschließung von Natur und Technik,
- spannende Experimente zur Erkenntnisgewinnung und Selbstbau-Anleitungen zur praktischen Erprobung.

Im fortlaufenden Text dienen folgende Symbole zur Orientierung:

Infobox zur Begriffserläuterung

Modelle

Methoden zur Erkenntnisgewinnung und -umsetzung

Experimente

Viel Spaß beim Lesen,
Forschen und Experimentieren.

1 EINLEITUNG

Fliegen wie die Vögel, schwimmen wie die Delfine, springen wie die Kängurus, tauchen wie der Nautilus, bauen wie Spinnen, Bienen und Termiten, schweben wie der Löwenzahnsamen – die Faszination der Leistungen und Konstruktionen von Pflanzen und Tieren für den Menschen ist so alt wie die Menschheit selbst.

Immer schon waren es Vorbilder der belebten Natur, die Erfinder, Ingenieure und Designer zum Entdecken und Erfinden angeregt haben.

Aus dem unermesslich reichen Patent-Arsenal Natur, der prall gefüllten „Schatzkiste des Lebendigen", sind eine Menge Anregungen für intelligente material- und energiesparende Lösungen zu finden.

Oft ist es für uns verblüffend festzustellen, dass Natur und Technik unabhängig voneinander zu ähnlichen Lösungen gelangt sind: Kombizangen sehen aus wie Kiefer von Ameisenlöwen und die Saugnäpfe an Badezimmermatten gleichen jenen an den Fangarmen von Tintenfischen. Da liegt es nahe, die Natur viel stärker als bisher zur Lösungsquelle für die Technik zu nutzen.

Zunächst aber müssen wir erst einmal verstehen, welche physikalischen Gesetze und Prinzipien hinter einer erfolgreichen biologischen Konstruktion stecken. Wer fliegen möchte wie ein Vogel oder bauen wie die Bienen oder Termiten, sollte zuerst einmal herausfinden, warum der Vogel überhaupt fliegen kann und wodurch im Termitenbau immer eine gleichbleibende Temperatur und Luftfeuchtigkeit, unabhängig von äußeren Einwirkungen, herrscht.

Ein Geheimnis nach dem anderen hat der Mensch bei Pflanzen und Tieren entschlüsselt. Er hat aufmerksam beobachtet, experimentiert und Erfahrungen gesammelt. Er hat nachgedacht und nach den Vorbildern der Natur nützliche Dinge gebaut. Inzwischen ist das Lernen von der Natur zu einer wichtigen Strategie bei der wirtschaftlichen und umweltfreundlichen Ausrichtung der Technik geworden. Von der Natur lernen wir, wie wir unsere Technik menschengerecht und naturverträglich gestalten können.

In einer Zeit abnehmender Vorräte, zunehmender Zerstörung der Umwelt und großer Klimaveränderungen dienen uns Pflanzen und Tiere als Vorbilder und als willkommene Ideenquelle.

Doch längst ist nicht alles erforscht. Wer etwas entdecken will, muss lernen, genau zu beobachten und die richtigen Fragen zu stellen. Baupläne und Konstruktionen der lebenden Natur sind eine nie versiegende Ideenquelle für die Lösung heutiger und zukünftiger Probleme. Sie zu entdecken, zu entschlüsseln und daraus neue Erfindungen abzuleiten, ist eine herausfordernde und interessante Aufgabe. Der vorliegende Band zeigt, wie man von der Natur lernen kann, und gibt Auskunft, welche Methoden zur Entschlüsselung der Naturgeheimnisse dabei hilfreich sein können.

2 WUNDER ÜBERALL

Tolle Tricks von Pflanzen und Tieren

GEHEIMNISSE DER NATUR ENTSCHLÜSSELN

Millionen Jahre von Entwicklungsprozessen bringen in der Natur Pflanzen und Tiere von überströmender Fülle, Vielfalt, Leistungsfähigkeit und auch Schönheit hervor.

Bei einem Spaziergang durch den Wald entdecken wir unter Steinen Bombardierkäfer. Wenn der Bombardierkäfer sich bedroht fühlt, stößt er, wie bei einem Raketentriebwerk, explosionsartig eine fein zerstäubte beißende Flüssigkeit aus. Seine Feinde, in der Hauptsache Ameisen, vertreibt er damit erfolgreich. Auf der Hand jedoch nimmt man nur ein leichtes Brennen wahr. Es ist erstaunlich, dass dieser Flüssigkeitsstrahl eine Temperatur von ca. 100 Grad Celcius besitzt. Eine wirkungsvolle, auf den Gegner abgestimmte, chemische Verteidigungsmöglichkeit und dabei schon Jahrmillionen alt.

Rätselhaft ist auch, was die sonderbaren Goldschuppen-Höcker auf dem Rücken der Goldeule, einem Nachtfalter, bedeuten. Dienen sie dem Schmuck, erlauben sie einen wendigeren Flug oder dienen sie etwa der Fledermausabwehr durch Störung der Ultraschall-Ortung?

Die Natur ist voller Wunder. An vielem gehen wir oft achtlos vorüber, weil wir wegen der Alltäglichkeit das Staunen verlernt haben. Für uns sind Wunder oftmals unerklärliche Erscheinungen, aber auch Leistungen von Lebewesen, die unsere Erwartungen übertreffen.

Viel Erstaunliches ist bei zahlreichen Merkmalen an Pflanzen und Tieren bis heute unerforscht.

Schauen wir in eine Hecke am Wiesen- oder Wegesrand. Das ist eine wahre Fundgrube für Beobachtungen, Untersuchungen und für interessante Begegnungen mit den dort vorkommenden Lebewesen. Ob Pflanzen-, Vogel-, Käfer-, Schnecken- oder Spinnenfreund – jeder kann hier auf seine Kosten kommen.

Auch der Artenreichtum in Teich oder Tümpel ist beeindruckend. Gewässer sind oft von Gebüsch und Schilf umgeben, wo sich viele Vogel- und Insektenarten aufhalten. Oder das Wasser mit seinem Fischreichtum, den Fröschen, Kröten, Schnecken, Molchen, Wasserläufern, Ringelnattern und nicht zuletzt den vielen Kleinstlebewesen. Zu den Insekten gehören auch die Libellen, von denen man ebenfalls viel Interessantes abschauen kann.

Sie bewegen sich ähnlich wie Hubschrauber, ohne jedoch ihre Flügel in Drehbewegung zu versetzen. Ihre Flügel schlagen etwa 30- bis 40-mal in der Sekunde auf- und abwärts. Sie dienen nicht nur zum Fliegen, sondern spielen auch eine wichtige Rolle bei der Partnerwerbung. Auf schwankenden Halmen werden sie als Balancierflächen eingesetzt, wirken weiterhin zur Körperaufwärmung und dienen als sperrige Abwehrwaffen, die von Fröschen verschmäht werden. Die Flügel sind ultraleicht und dennoch außerordentlich stabil.

Das wird durch die Membranzellenbauweise und die Faltung erreicht. Die vier Flügel der Libelle wiegen insgesamt fünf Tausendstel Gramm.

Sie werden durch Adern stabilisiert, deren Durchmesser nur etwa einen Zehntelmillimeter und deren Wandstärke nur etwa einen Hundertstelmillimeter

Stabilität

Widerstand eines Bauteils gegenüber äußeren Einwirkungen (Belastung durch Zug, Druck und Biegung). Die Stabilität kann durch Profile erhöht werden. Es gibt L-, Doppel-T-, O-, U- und T-Profile.

Flügelquerschnitt und -profil eines Libellenflügels

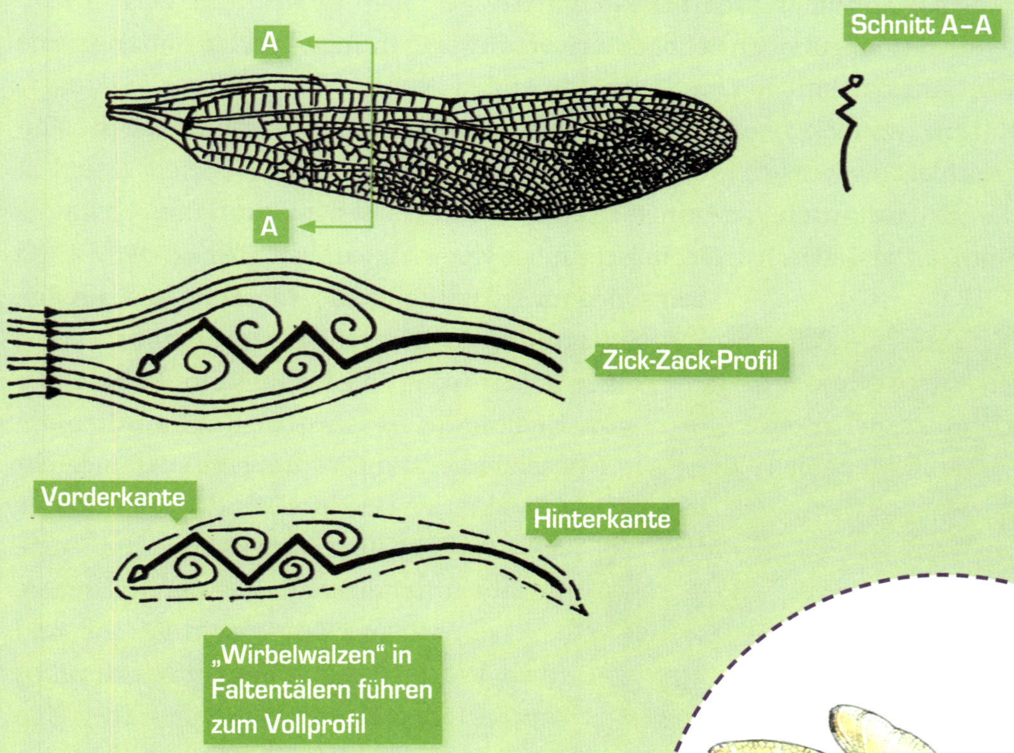

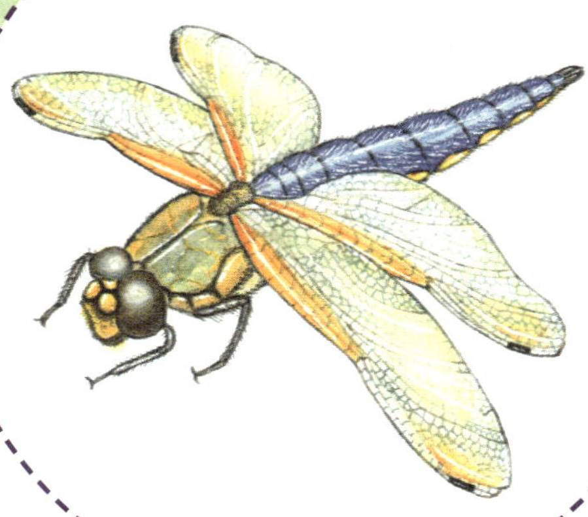

beträgt. Die Adern sind weit verzweigt und bilden große Längsadern für die Sicherung der Längssteifigkeit und kleine Queradern für die der Quersteifigkeit. Als Muster erkennt man unregelmäßige Vielecke und regelmäßige Vierecke.

Die Flügel sind in Längsrichtung gefaltet, wodurch nicht nur die Stabilität erhöht, sondern auch die Flugeigenschaften verbessert werden. In den Faltentälern bilden sich infolge der Luftströmung sogenannte Wirbelwalzen, die den ebenen, flachen Flügel sozusagen zum „Vollprofil“ auffüllen. Damit wird er einem profilierten Vogelflügel ähnlich, der eine Auftriebskraft entgegen der Schwerkraft erfährt. Wir sehen, wie mit geringstem Aufwand an Material und durch entsprechende Gestaltung des Flügels im Zickzack-Profil die Luft regelrecht aufgefangen und so ein vortrefflich günstiges Strömungsprofil erzeugt wird.

An den Flügelenden befinden sich verdickte Einlagerungen, die stabilisierende Wirkung haben.

Dort, wo die Flügel mit dem Körper verbunden sind, treten infolge der Flügelschlagbewegungen große Kräfte bzw. Belastungen auf. Aus diesem Grund ist die „Einspannstelle" wie ein versteifter Winkelträger gestaltet. Das erhöht die Stabilität. Übrigens hat der Hubschrauber-Konstrukteur Igor Sikorski (1889–1972) seine Idee zur Entwicklung des Hubschraubers aus den Beobachtungen des Libellenfluges gewonnen.

Die Bienenwabe ist ebenfalls ein Beispiel für günstige Materialausnutzung bei minimalem Materialaufwand. So kann eine extrem leichte Wabe der Größe 400 x 200 Millimeter etwa zwei Kilogramm Honig speichern, ohne unter dieser Last zusammenzubrechen. Mit nur 40 Gramm Wachs sind die Wände der Wabenkammern nicht einmal einen Zehntelmillimeter dick. Die Seitenwände der Zellen bilden Sechsecke, die mit ihren Böden so verzahnt sind, dass diese enorme Tragfähigkeit und Stabilität erreicht werden kann.

Das Sechseck hat gegenüber dem Dreieck und dem Viereck, bei gleicher Fläche, den kleinsten Umfang und benötigt am wenigsten Baumaterial. Daraus folgt: Durch das sechseckige Prisma wird das größtmögliche Volumen bei geringstem Wachsverbrauch erzeugt.

Auch die Empfindlichkeit mancher Tiere versetzt uns in Staunen. Die Nase eines Aals ist so empfindlich, dass sie die geringste Menge eines Duftstoffes, etwa von der Größe eines Streichholzkopfes, auch noch registrieren würde, wenn diese im Wasser des Bodensees aufgelöst würde. Ein weiteres Beispiel: Der in der Nordsee beheimatete Katzenhai nimmt noch elektrische Felder

Sende- und Empfangsorgan der Heuschrecke (männlich)

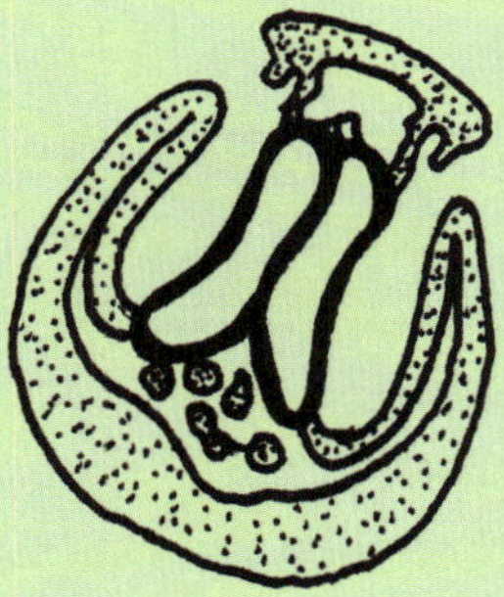

2 Sendeorgan (Schrillader)

1 Querschnitt Empfangsorgan (linkes und rechtes Trommelfell in der Mitte)

wahr, die so gering sind, als ob sie von einer Taschenlampenbatterie erzeugt würden, deren Plus- und Minuspol 15.000 Kilometer voneinander entfernt liegen.

Interessant ist auch die Tatsache, dass Heuschrecken mit den Beinen „sprechen und hören“ können. So erzeugen die Männchen Schrilltöne, indem die Schrillader am Oberschenkel der Hinterbeine über die Kanten ihrer Flügel hinweg streicht. Die Ohren befinden sich in der Schiene des ersten Beinpaares. Sie funktionieren ähnlich unseren Ohren, sehen dagegen aber völlig anders aus.

In jüngster Zeit fanden Wissenschaftler heraus, dass die Orientalische Wespe in der Lage ist, elektrische Energie aus Sonnenlicht zu erzeugen und zu speichern. Organische Halbleiterkristalle, die wie Solarzellen funktionieren, dienen so für die Bereitstellung der notwendigen Stoffwechselenergie. Diese Erkenntnisse könnten die Photovoltaik revolutionieren.

Photovoltaik

Die Photovoltaik beschäftigt sich mit der Umwandlung von Sonnenlicht in elektrische Energie mit Hilfe von Halbleitermaterialien. Die Solarzelle ist ein solcher Energiewandler.

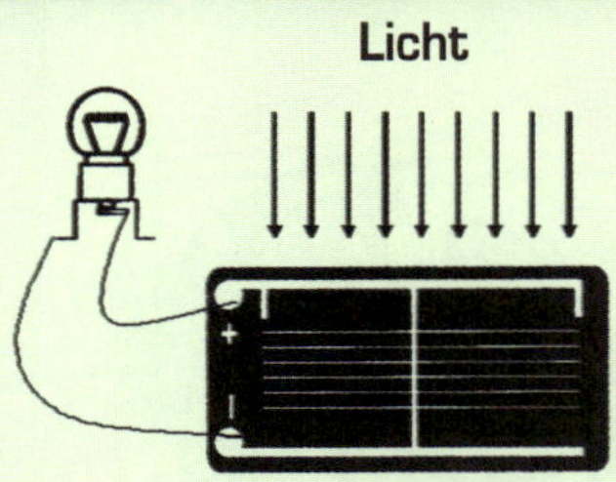

Wenden wir uns dem Phänomen der Geschwindigkeit zu. Das schnellste Landtier ist der Gepard. In einer Sekunde kann er 25 Körperlängen zurücklegen, was einer Geschwindigkeit von etwa 120 km/h entspricht.

Eine derartige Spitzenleistung kann aber nur kurze Zeit durchgehalten werden. Sie kommt durch die Biegsamkeit der Wirbelsäule zustande, die an der „Antriebsleistung“ beteiligt ist und große Sprünge erlaubt.

Während die Wirbelsäule seiner Beutetiere, beispielsweise die der Antilope, fast gerade bleibt, krümmt der Gepard seine Wirbelsäule mit Hilfe der Muskelbänder wie einen Bogen. Die so gespeicherte Energie kann beim Zurückschnellen in vortrefflicher Weise ausgenutzt werden.

Die Beine des Geparden werden im Augenblick des Freisetzens der „Spannenergie“ nach vorn und hinten katapultiert. Ähnliches ist auch bei Stabhoch-

Gepard

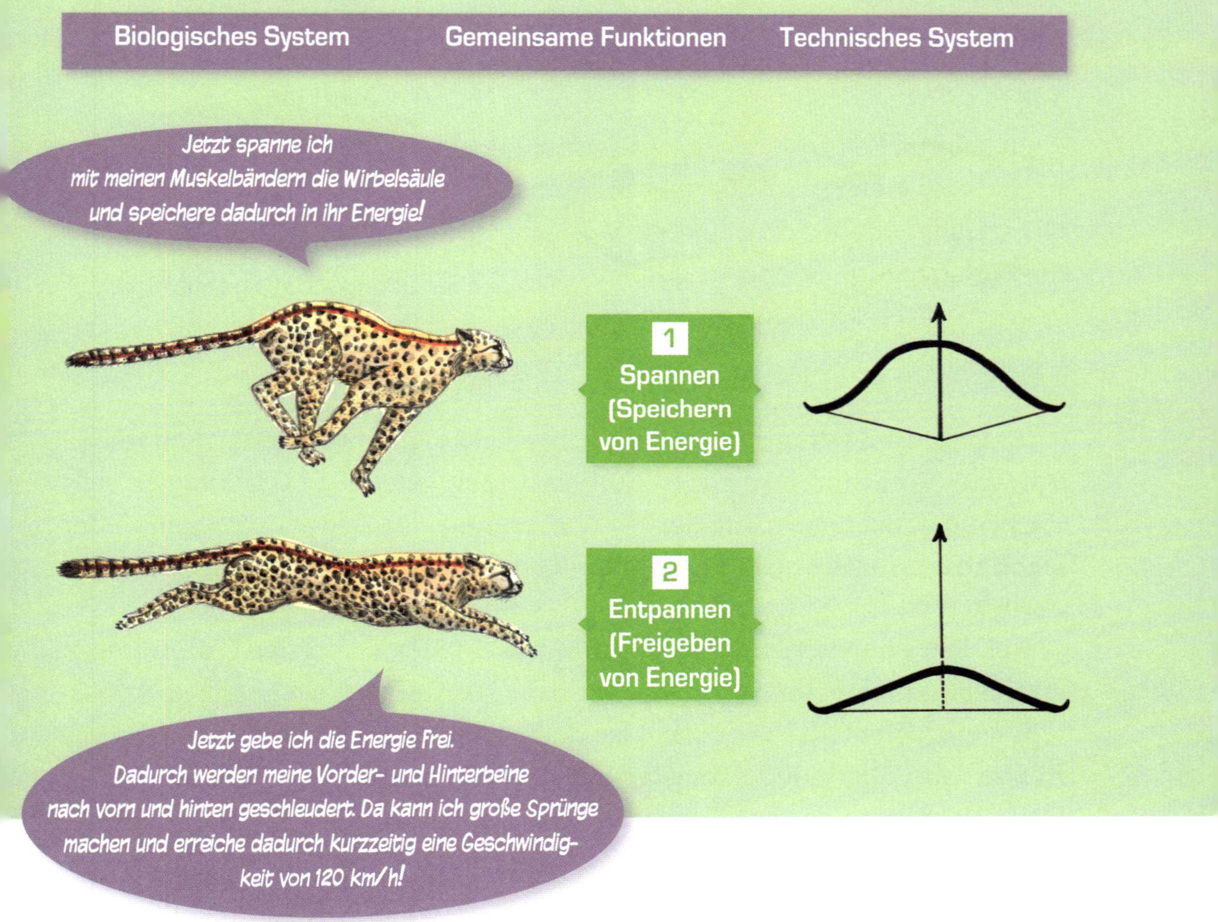

springern zu beobachten, wenn der Körper durch die freigegebene Energie des Stabes nach oben bewegt wird.

Bei den Vögeln erreicht der Wanderfalke enorme Fluggeschwindigkeiten. Wenn er in einem Winkel von 30 Grad auf seine Beute hinabschießt, erreicht er etwa 250 bis 280 km/h. Im Sturzflug schafft er sogar 330 km/h. Ausschlaggebend ist auch hier, dass der Körper mit angelegten Flügeln zum Strömungsprofil geformt ist und die Schwerkraft in der relativ dünnen Luft geschickt ausnutzt.

Strömungsprofil

Körpergestalt zur Verringerung des Strömungswiderstandes. Strömungsgünstige Profile sind solche in Tropfen- oder Spindelgestalt.

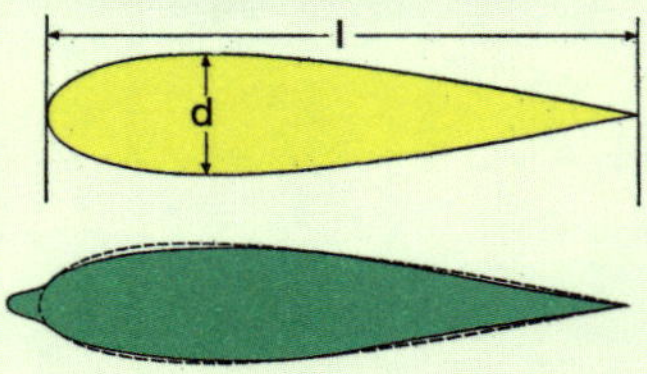

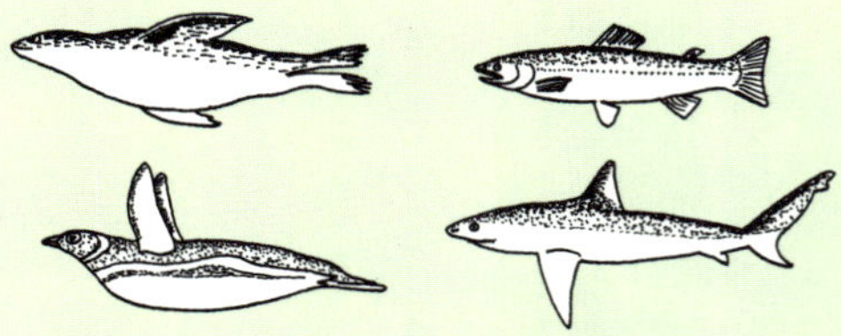

Auch Meeressäuger, Pinguine und Fische haben eine solche Körpergestalt, um sich mit geringem Energieaufwand fortzubewegen.

Beschäftigen wir uns mit erstaunlichen Leistungen der Zugvögel, so wissen wir, dass Weißstörche zwar in Europa brüten, aber 13.000 Kilometer weit nach Südafrika fliegen, um dort zu überwintern. Auch der Goldregenpfeifer legt Entfernungen von der arktischen Tundra bis in die Pampas Argentiniens zurück.

Bei den Schmetterlingen ist es der Monarchfalter, der riesige Entfernungen zurücklegen kann. Im Herbst verlassen die Monarchfalter Kanada und überwintern größtenteils in Mexiko oder Kalifornien. Einige dieser Schmetterlinge fliegen dabei über 3.000 Kilometer weit. Dabei kann ein Monarch an einem Tag bis zu 130 Kilometer zurücklegen.

Wunderwerke der Natur sind auch auf den ersten Blick unscheinbare Gras- und Getreidehalme, die bei Sturm schaukeln und nicht brechen. Sie zeigen elastisches Verhalten. Das bedeutet, dass der Halm nach der Beanspruchung wieder in seine Ausgangslage zurückkehrt. Schaut man einen solchen Halm genauer an, so besteht er aus kegelstumpfförmigen Stabelementen. Der Halmdurchmesser nimmt daher mit zunehmender Höhe ab. Außerdem wird die Stabilität des Halmes gegenüber Windbelastungen durch die unregelmäßige Verringerung der Abstände zwischen den Stängelknoten von unten nach oben erreicht. So wird die Elastizität des Halmes mit steigender Höhe bei gleichzeitiger Verringerung des Halmdurchmessers immer größer.

Kegelförmige Stabelemente eines Grashalmes

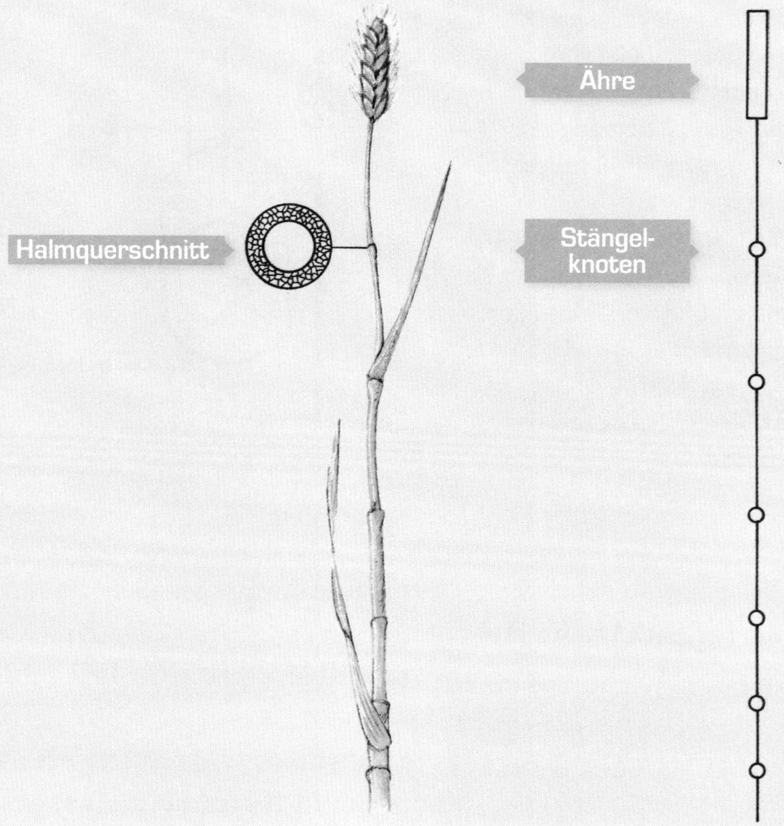

Übrigens findet man hier Ähnlichkeiten im Pyramidenbau der Pharaonen. Die Pyramiden in Ägypten können auch deshalb nicht umfallen, weil sie nach unten immer breiter werden.

Werfen wir noch andere interessante Fragen aus dem „Patent-Arsenal Natur“ auf. Wenn Enten im Winter auf Eis stehen, fragt man sich, warum sie nicht mit kalten Füßen ins Zittern kommen, wie es bei uns Menschen der Fall wäre. Und warum entstehen infolge der Körpertemperatur keine Löcher im Eis unter ihren Füßen? Auch bei Pinguinen wundert man sich über diese Erscheinung. Enten und Pinguine haben kalte Füße, um Energie zu sparen. Sie haben sozusagen Wärmeaustauscher in den Füßen.

Wärmeaustauscher

Biologisches Organ oder technische Vorrichtung zur Übertragung von Wärme von einem Körper höherer Temperatur zu einem mit niedrigerer Temperatur. Beispiel: Wärmetauscher im Brauchwasserheizer zur Nutzung der Sonnenenergie mittels Sonnenkollektoren. Der Wärmetauscher wird innen von der erhitzten Flüssigkeit des Kollektors durchflossen und gibt die darin enthaltene Wärme an die Oberfläche des Tauschers ab und das Wasser wird erhitzt.

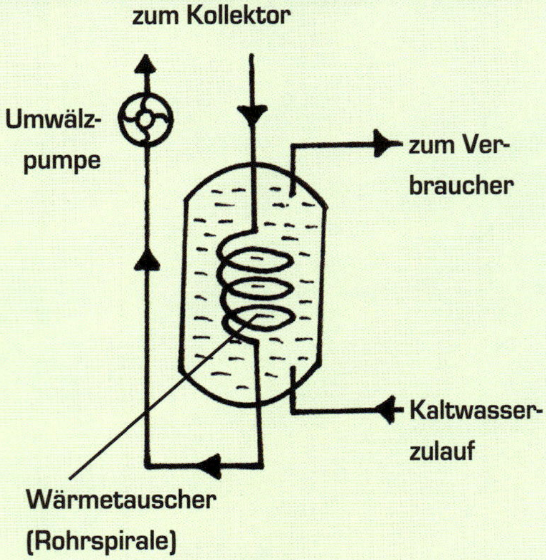

Der Trick bei diesem natürlichen Wärmeaustauscher ist, dass die Körpertemperatur zum Fußende immer mehr absinkt – von 38 Grad Celsius im Körper auf null Grad Celsius in der Lauffläche der Füße.

Gegenstrom-Wärmetauscher-Prinzip beim Pinguin

Das fußabwärts laufende Blut gibt seine Wärme an das körperaufwärts laufende, gekühlte Blut ab. Dadurch gelangt in die Füße kühles und in den Körper vorgewärmtes Blut. Dieses Austauschverfahren wird Gegenstromprinzip genannt.

Wundern können wir uns auch darüber, wie eine Schlange ein Ei verschlingt, das ein Mehrfaches ihres Kopfdurchmessers beträgt.

Die Afrikanische Eierschlange hängt beim Fressen eines Hühnereies einfach

Eierschlange beim Verschlingen eines Eies

ihre Kiefer aus. Das Ei wird nach dem Verschlingen durch Wirbelfortsätze, die in die Speiseröhre hineinragen, aufgesägt. Schauen wir uns einmal Sägen in der Natur an, so finden wir interessante Trennwerkzeuge auch bei den tropischen Blattschneiderameisen.

Mit ihren Mundwerkzeugen, sie werden Mandibeln genannt, sind die Blattschneiderameisen in der Lage, durch zarte, weiche Blätter glatte Schnitte zu ziehen. Bedeutsam ist ein biologischer Mechanismus, der diese erstaunliche Funktion ermöglicht: Die Mandibeln sind mit einer scharfen, mit vielen kleinen Zähnchen besetzten Kante ausgestattet und werden in schnelle Bewegungen versetzt. In einer Sekunde können sich diese Sägeblätter bis zu 1.000 Mal auf und ab bewegen. Der Mensch schafft mit einer Handsäge in dieser Zeit höchstens zwei bis drei Schnittbewegungen. Diese Vibrationen der „natürlichen Sägeblätter"

Blattschneiderameise: Mundwerkzeuge (Mandibeln) als natürliche Sägeblätter

führen dazu, dass die Blätter in ihrer Lage fixiert und so wirksam stabilisiert werden. Sie werden steif und ermöglichen dadurch gerade Schnitte.

In den tropischen Regenwäldern, den artenreichsten Gebieten unserer Erde, gibt es noch viel Interessantes zu erforschen und zu entdecken. Doch viele Pflanzen- und Tierarten fallen täglich der Brandrodung und Abholzung zum Opfer. Tatsache ist auch, dass manche Tier- und Pflanzenarten bereits vernichtet sind, bevor sie überhaupt entdeckt und erforscht werden können. Dabei sind bei ihnen wirkungsvolle Mechanismen zu finden, die für die Technik von Bedeutung sein könnten, wie solche zur Material- und Energieeinsparung, zum Recycling oder auch zur Mehrfachnutzung und Symbiose.

i Symbiose

Zusammenleben unterschiedlicher Organismenarten zum gegenseitigen Vorteil und Nutzen. So gibt beispielsweise der eine Partner Nahrung. Dafür bekommt der andere Schutz.
Beispiel: Symbiose zwischen Einsiedlerkrebs und Seeanemone.

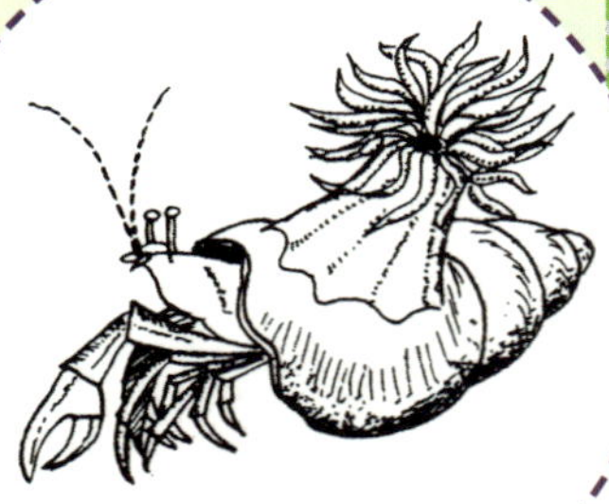

Die Pflanzen- und Tierwelt ist voller Symbiosen. So besteht zum Beispiel eine Symbiose zwischen Einsiedlerkrebs und Seeanemone. Die Seeanemone heftet sich an die Muschelschale des Einsiedlerkrebses. Das tut sie, um nicht an einer Stelle zu bleiben, an der irgendwann die Nährstoffe ausgehen. Durch die Mobilität des „Von Ort zu Ort Transportes" gelangt sie immer wieder an neue Nahrungsquellen. Der Krebs dient ihr als Nahrungsbeschaffer und Transportmittel. Durch die Seeanemone als Kalkabscheider braucht der Einsiedlerkrebs nicht so oft sein Haus zu wechseln, es wächst nach.

Die Natur als „Schatzkiste des Lebendigen" hält noch eine Fülle von Geheimnissen bereit, die nur darauf warten, gelüftet zu werden.

3 NATUR UND TECHNIK HABEN ÄHNLICHE LÖSUNGEN

Die Natur „dachte" zuerst daran

Vieles, was der Mensch erfand, gab es längst in der Natur. Das ist kein Wunder, hatte Mutter Natur doch Jahrmillionen Zeit, mit Hilfe der Evolution bestmögliche Lösungen zu erzeugen. In den Jahrmillionen haben sich die Pflanzen und Tiere in kleinen Schritten immer besser an ihre Umwelt angepasst. Sie reagierten auf die Bedingungen der Umwelt und brachten Lösungen hervor, die uns heute in Staunen versetzen. Aber nur die besten „Erfindungen" blieben erhalten, weil sie einen Vorteil beim Überleben erreichten. Dieser Entwicklungsvorgang in großen Zeiträumen, der zu immer neuen raffinierteren Problemlösungen führt, wird Evolution genannt.

Es ist wie beim Wettrennen zwischen Hase und Igel: Wo immer der Mensch sich entschloss, den Luftraum und die Meere zu erobern, war die Natur schon da und hatte lange vorher in einem ausgedehnten Entwicklungsprozess Neues hervorgebracht. Ohne die Vögel gäbe es wohl kaum Flugzeuge, ohne Fische keine Unterseeboote, auch manches andere im Leben des Menschen gäbe es nicht, wäre da nicht das Vorbild in der Natur. Ob es um Klebevorrichtungen entsprechend den Klebetröpfchen im Spinnennetz oder dem Sekret der Miesmuscheln geht, ob um Widerhakensysteme nach Klettenart, Sollbruchstellen wie im Eidechsenschwanz, Gleiter und Fallschirme wie bei Birken- und Löwenzahnfrüchten, ob um die Überwindung von Hindernissen nach dem Vorbild der Stabheuschrecken:

Es gibt kaum ein Gebiet der Technik, bei dem die vielen Millionen Jahre alten Tricks der Natur nicht schon lange Vorbild für technische Lösungen wären.

ÄHNLICHKEITEN ZWISCHEN NATUR UND TECHNIK

Vogel und Flugzeug, Schiffs- und Fischkörper, Grashalm und Schornstein – alle sind in ihrem konstruktiven Aufbau ähnlich, da sie gleichen Umgebungsbedingungen und gleichen physikalischen Wirkungen ausgesetzt sind. Konstruktionen in Natur und Technik erfüllen in der Regel oft die gleichen Funktionen, wie das Fortbewegen, Stützen und Tragen, Verbinden, Speichern usw.

Beispielsweise ist der Vogelkörper zweckmäßig den Bedingungen der Fortbewegung im Luftraum angepasst, der Fischkörper an diejenigen im Wasser. Da liegt es nahe, technische Konstruktionen nach diesen Vorbildern für gleiche oder ähnliche Bedingungen zu entwickeln. In der lebenden Natur sind viele erfolgreiche Lösungen verwirklicht, die für die Technik von Bedeutung sein könnten. So ist es eine Tatsache, dass der Mensch nachträglich für seine Konstruktionen viele ähnliche Lösungen in der lebenden Natur entdeckte.

In Natur und Technik gibt es den Anker. Wassernuss und Schiffsanker haben einen ähnlichen Aufbau, da sie sich mit ihrem Eingrabeorgan am Untergrund befestigen, um nicht von der Wasserströmung davongetragen zu werden.

Ankerfrucht der Wassernuss und Schiffsanker

Ähnlichkeit zwischen Antennenputzapparat der Honigbiene und Rohrreinigungssystem

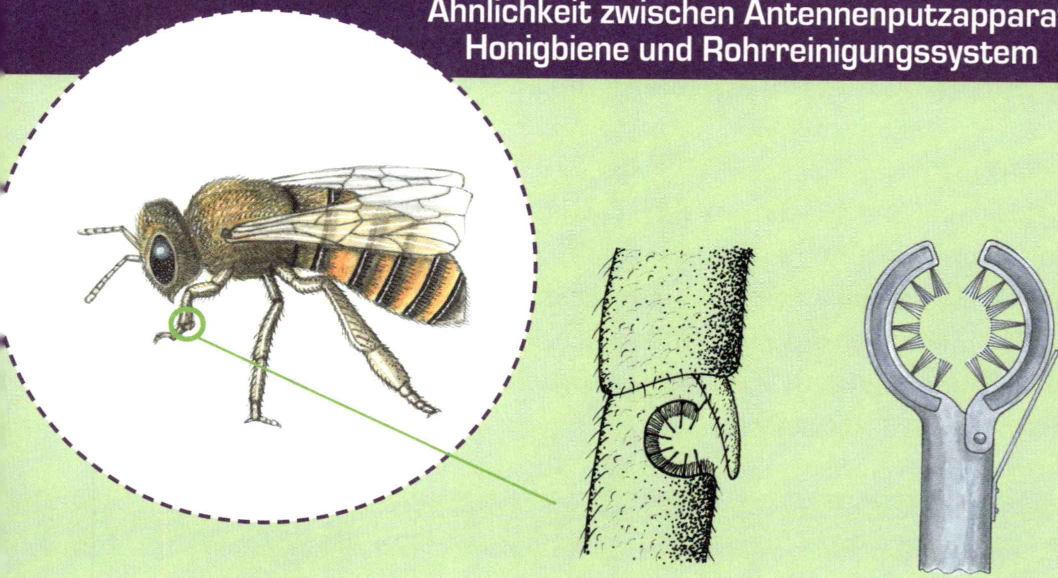

Auch beim Antennenputzapparat der Honigbiene und einem technischen Rohrreinigungssystem entdeckt man einen ähnlichen Aufbau, um die Funktion der Oberflächenreinigung rohrförmiger Körper zu erfüllen. Die langen, harten Borsten des Antennenputzapparates am Bein der Honigbiene erfüllen die Funktion des Vorreinigens, die kurzen die des Polierens. Mit dieser Anordnung können Unebenheiten und Vertiefungen viel besser erreicht werden.

Durch Anziehen der Beine kann der Innendurchmesser des Putzapparates verringert und damit die Anpresskraft der Borsten vergrößert werden. Ähnliches gilt beim Rohrreinigungssystem. Hier drückt der Federstahl auf die untere Klinke und erhöht so die Anpresskraft auf das zu reinigende Rohr.

Vergleichen wir als weiteres Beispiel die Reibezunge einer Gartenschnecke mit einer Raspel, so können wir bei beiden das Prinzip der vervielfachten Anordnung von Mikrozähnchen feststellen. Mehr noch: Es drängt sich der Vergleich der Reibezunge mit einem Schaufelradbagger auf. Um den Vergleich besser zu verstehen, wenden wir uns zunächst der spanenden Bearbeitung von Holz mittels Raspel zu. Spanen ist Trennen, wobei auf mechanischem Wege Werkstoff in Form von Spänen von einem festen Körper (Werkstück) zur Änderung seiner Form oder zur Oberflächenbearbeitung abgetrennt wird. Ein Verfahren des

Spanens ist das Raspeln. Geraspelt wird mit einem mehrschneidigen, wie viele kleine Minimeißel wirkendem Werkzeug.

Auch die Gartenschnecke raspelt mit ihrer Zunge, die auch Radula genannt wird, von Pflanzen kleine Nahrungsteilchen ab. Die Zunge besteht aus etwa 800.000 Chitinzähnchen, die wie bei der Raspel in Reihen auf einem knorpelähnlichen Band angeordnet sind. Bei der Nahrungsaufnahme wird die Zunge aus der Mundöffnung herausgeschoben. Dabei bewegt sich das mit Zähnchen besetzte Zungenband auf dem Stützapparat nach vorn.

Die Zähnchen des Zungenbandes haken in die Blattoberfläche ein. Wird das Zungenband zurückgezogen, werden Pflanzenteilchen abgeraspelt und zur Mundöffnung transportiert.

Mit Zähnen besetztes, bewegliches Zungenband

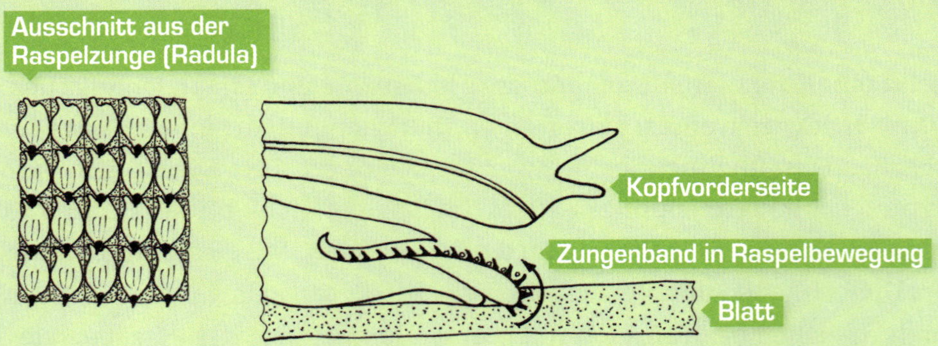

Prinzip der Zungenbewegung:
Das raspelähnliche Trennwerkzeug wird nach vorn geschoben, wodurch das mit Zahnreihen besetzte Förderband auf dem Stützapparat nach vorn bewegt wird (a). Die Zahnreihen haken sich

in das Material ein. Das Förderband wird dann zurückgezogen, wobei kontinuierlich Materialteile abgetrennt und weitertransportiert werden (b).

Es lässt sich überlegen, wie sich das Prinzip der Zungenbewegung für das kontinuierliche Bearbeiten von Holz nutzen lässt.

Prinzip der Bewegung des Zungenbandes

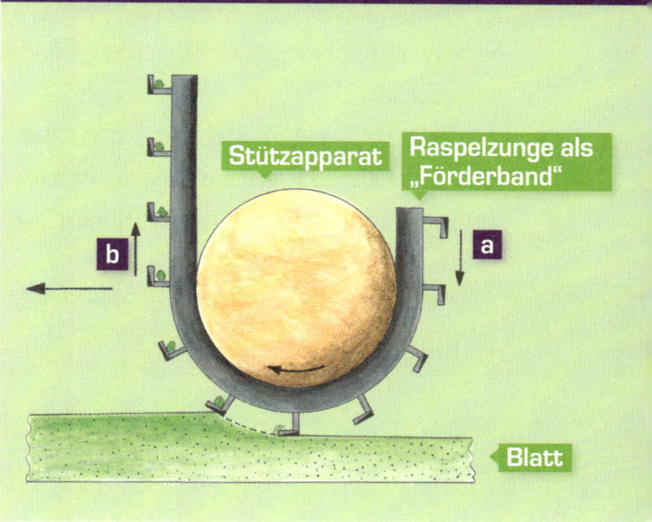

Ebenso ähnlich in Aufbau und Funktion sind auch Bad- oder Küchensaughaken und Saugnäpfe von Tintenfischen sowie Saugscheiben von Schiffshaltern.

Der Gummisaugnapf mit Haken in Küche und Bad wirkt auf der Grundlage der Erzeugung von Unterdruck. Mit Unterdruck wird ein Luft- bzw. Gasdruck bezeichnet, der kleiner als der atmosphärische Luftdruck ist. In null Meter Meereshöhe beträgt dieser im Jahresmittel 1 atm = 760 mm Hg (Quecksilbersäule) = 76 Torr. Im Wetterdienst wird auch die Einheit 1 Millibar benutzt. Eintausend Millibar entsprechen 750 Torr.

Beim Andrücken des Saugnapfes verformt sich der Gummi und ein Teil der darunter befindlichen Luft wird herausgepresst.

Zwischen Saugnapf und Wand entsteht ein leichter Unterdruck. Der umgebende Luftdruck drückt den Saugnapf an die Wand. Nach diesem Prinzip wirkt auch der Saugnapf des Tintenfisches und die Saugscheibe des Schiffshalters. Tintenfische wie Kalmare und Kraken gehören zu den Kopffüßern und haben an den Fangarmen, den Tentakeln, Saugnäpfe. Die Saugnäpfe bestehen aus einer ringförmigen Hornleiste, die mit Muskeln in Verbindung steht, sowie einem in der Mitte befindlichen Stempel.

Beim Aufsetzen der Fangarme auf die Beute wird der Muskelring im Saugnapf bei vorgeschobenem Stempel fest auf die Unterlage gepresst. Der Stempel zieht sich zurück und der dadurch entstehende Unterdruck führt zum Anhaften des

Saugnapfes. Durch Verschieben des Stempels in Richtung der Körperoberfläche der Beute kann der Saugnapf wieder mühelos gelöst werden.

Einen weiteren interessanten Haftmechanismus besitzt der sogenannte Schiffshalter.

Auf der breiten, abgeflachten Oberseite des Kopfes befindet sich die Saugscheibe. Diese ist mit einzelnen Plattenteilen versehen. Durch Aufrichtung der Querplatten entsteht eine Reihe von Saugkammern, die ähnlich den Saugnäpfen

Längsschnitt durch einen Gummisaugnapf und Saugnapf eines Tintenfisches (Krake)

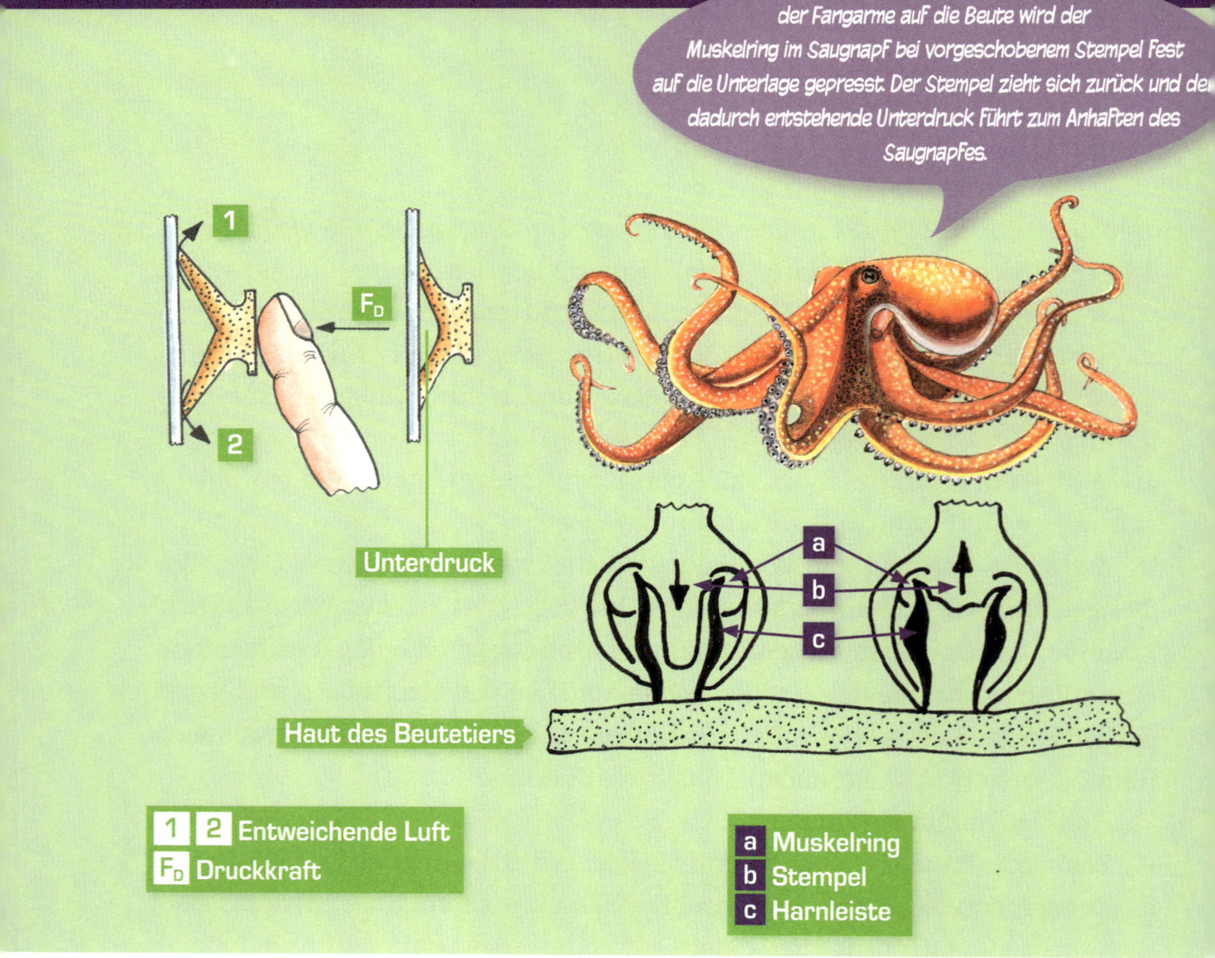

Saugscheibe des Schiffshalters

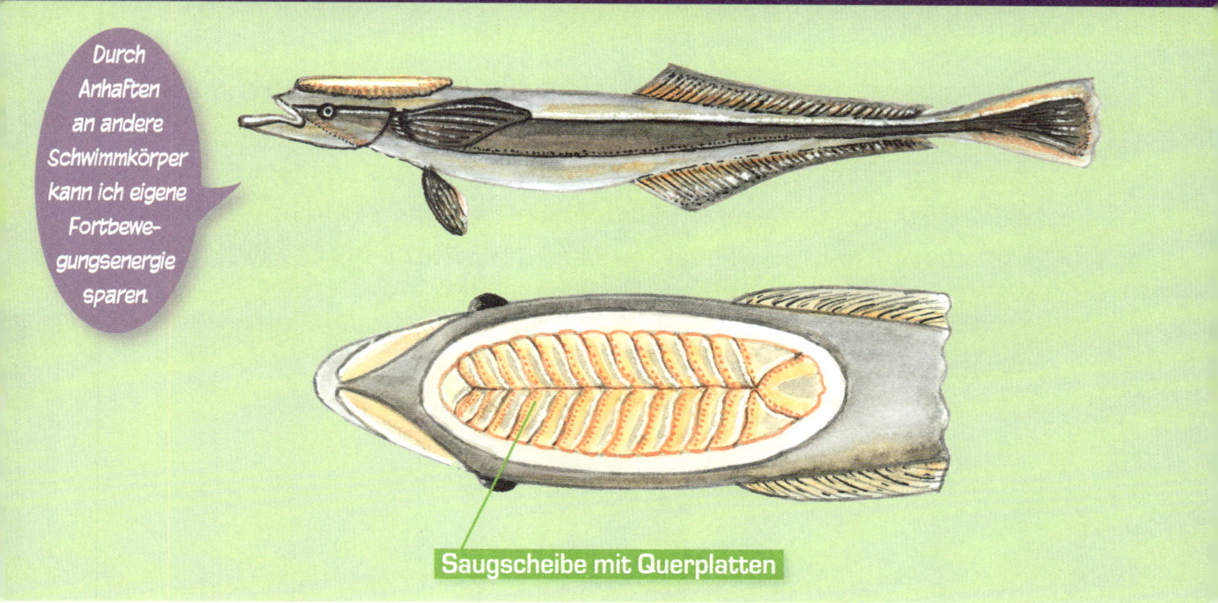

der Tintenfische funktionieren. Die Haftkraft ist so groß, dass sich ein angesaugter Schiffshalter durch die menschliche Muskelkraft nur sehr schwer lösen lässt.

Mit dieser Ansaugvorrichtung haften die Schiffshalter an anderen größeren Fischen, Schildkröten und Walen fest. Auch saugen sie sich oft an Schiffe und lassen sich ohne Eigenenergieaufwand nach dem „Huckepack-Prinzip" sozusagen gratis transportieren.

Wenn wir die Natur belauschen und fragen, was wir von ihr lernen können, finden wir überall Lehrmeister und mit ihnen erstaunliche Vorbilder für technische Erfindungen und Entwicklungen. Ganz gleich, mit welchen Problemen man sich befasst – sei es mit Luftverkehr, mit Architektur, mit Robotereinsatz – stets können dabei die vorhandenen Lösungen der Natur die Grundlage aller Übertragungen sein. Die Trickkiste der lebenden Natur scheint unerschöpflich.

Die anregende Wirkung von lebendiger Natur fördert Ideenreichtum und kann zu einer Fundgrube, gar zu einer „Schatzkiste des Lebendigen" für die Entwicklung origineller, material- und energiesparender sowie umweltfreundlicher technischer Lösungen werden.

4 WAS BIOLOGISCHE KONSTRUKTIONEN AUSZEICHNET

Das Minimum-Maximum-Prinzip

Pflanzen und Tiere sind deshalb als Vorbilder für die Technik geeignet, weil der Mensch bei ihrer Beobachtung und Untersuchung eine Vielzahl wirkungsvoller Prinzipien aufgedeckt hat. Ein solches grundlegendes Prinzip ist das sogenannte Minimum-Maximum-Prinzip, welches in der gesamten lebenden Natur zu entdecken ist. Es besagt, dass mit einem Minimum an Material und Energie ein Maximum an Leistung und Stabilität erreicht wird.

Ein treffendes Beispiel dafür ist der Knochenaufbau, bei dem gleich mehrere Leichtbauprinzipien zu finden sind. So entspricht die äußere Gestalt eines Knochens der einer Säule im Doppel-T-Profil und der Querschnitt einem Röhrenprofil.

Durch die in den oberen und unteren Verdickungen befindlichen Knochenbälkchen, die übrigens wie gotische Spitzbogen angeordnet sind, können Druckkräfte gleichmäßig auf die Randschichten verteilt werden.

Mehr noch: Die Knochenwand entspricht dem Prinzip der Verbundstabilisierung. Zwei feste, dünne Deckschichten und eine hochporöse, schwammartige dicke Zwischenschicht ermöglichen günstige Materialausnutzung bei gleichzeitiger Erhöhung der Stabilität. Die Prinzipien Profilierung und Verbundstabilisierung lassen sich überall im Pflanzen- und Tierreich aufdecken. Sie können in Pflanzenstängeln und Halmen, in Krallen und Vogelschnäbeln, aber auch im Chitinpanzer der Insekten nachgewiesen werden. Im Entwicklungsprozess der Natur werden Organe

Ähnlichkeiten in Natur, Architektur und Fördertechnik

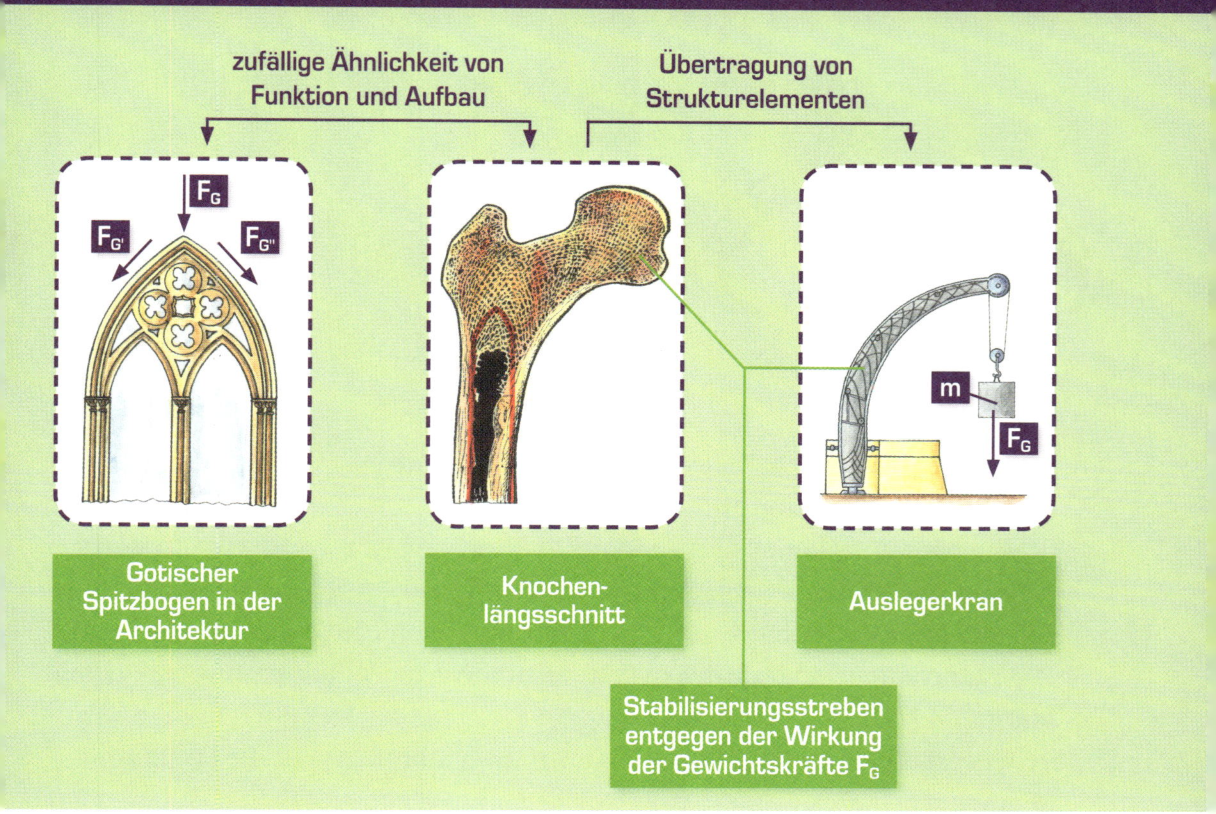

und Körperteile, die einer hohen Belastung ausgesetzt sind, mit biologischer Masse verstärkt. Bei gering belasteten Bereichen wird demzufolge auch weniger Material angeordnet. Das Minimum-Maximum-Grundprinzip besagt weiterhin, dass die Materialausnutzung im Aufbau von Pflanzen und Tieren durch wirkungsvolle Anordnung von Verstärkungselementen erfolgt.

Ein anderes Prinzip ist das der Mehrfachfunktionserfüllung. Es ist dadurch gekennzeichnet, dass ein Teil oder ein Organ einer Pflanze oder eines Tieres gleich mehrere Funktionen erfüllen kann. So dient beispielsweise die Vogelkralle nicht nur der Fortbewegung, sondern auch dem Greifen und Transportieren der Beute, dem Nestbau und der Verteidigung.

Oder die Köcherfliegenlarve: Ihr Gehäuse, ein röhrenförmiges Gebilde, wird vom Wasserstrom durchflossen. Dadurch wird die Nahrung gleichsam „von

Vielfachfunktionsorgan Vogelkralle

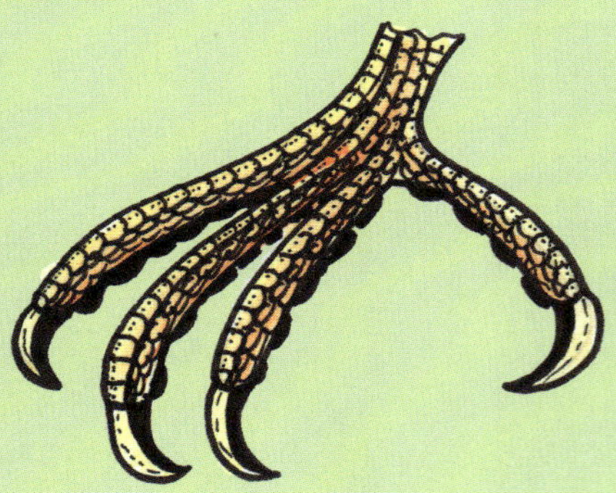

selbst" ins Maul gespült. Dieses Gehäuse bietet außerdem Schutz vor Feinden und anderen Gefahren.

Auch Insektenfühler sind als Multifunktionsorgane zu verstehen. In Verbindung mit den Komplexaugen dienen sie der Orientierung, der Richtungs- und Entfernungsbestimmung, zum Riechen und Tasten, zur Temperaturmessung, zur Wahrnehmung von Luftschwingungen sowie der Windrichtung und Windstärke.

Oder das Leitungsgewebe in Pflanzen. Es erfüllt nicht nur die Funktion des Wassertransportes, sondern bietet auch noch zusätzliche Stabilität. Würde man diese Funktionen auf ein Gebäude übertragen, so wäre das Leitungssystem des Hauses gleichzeitig Transporteinrichtung und Trägerelement.

Auch der Albatross nutzt Umweltenergien in vortrefflicher Weise aus. Obwohl dieser Vogel über einen Meter lang ist und eine Flügelspannweite von ca. drei Metern aufweist, wiegt sein Knochengerüst, Skelett genannt, nur 120 bis 150 Gramm. Diese Vögel haben einen Flügelaufbau entwickelt, welcher die Thermik – eine aufsteigende Warmluftströmung – mit minimaler Flügelbewegung maximal ausnutzen kann. Durch diese Lösung senkt der Vogel den Energieverbrauch bei langen Flugstrecken.

Zur Umweltenergienutzung haben Pflanzen und Tiere im Laufe der Evolution besondere Formen und Strukturen herausgebildet. Als Umweltenergien dienen ihnen die Schwerkraft, die Wasser-, Wind- und Solarenergie sowie der Erdmagnetismus, der ihnen gratis zur Verfügung steht.

5 NATUR – VORBILD FÜR DIE TECHNIK

Die Natur als Ideenquelle

In der Auseinandersetzung mit seiner Umwelt, im Kampf mit den Naturgewalten zur Sicherung seiner Lebensbedingungen, beobachtete der Mensch die Natur, um von ihr zu lernen. Er lernte zunächst, Naturgegenstände zu vervollkommnen. Dabei entstand die Technik. Beim Bau seiner Wohnbehausungen orientierte er sich an den Nestern der Vögel, den Erdhöhlen von Dachsen und Füchsen und an den Burgen der Biber. Der Mensch gewann so im Laufe der Zeit durch Naturbeobachtung solche Erkenntnisse und Erfahrungen, die sich technisch verwerten ließen. Zunächst diente die Arbeit und Kreativität des Menschen dazu, Geräte zu erschaffen, welche Mängel seiner Organe ausglichen, um im Lebenskampf

Die Erfindung des Bogens

bestehen zu können. Der Stein in der Hand verstärkte die Wirkung der Faust und Pfeil, Speer oder Schleuder wirkten weit über die Reichweite der menschlichen Arme hinaus. So führte beispielsweise die Erkenntnis über die gespeicherte Energie zurückschnellender Äste, die den Körper bei der Jagd trafen, zur Erfindung des Bogens. Durch seine Nutzung konnte die Jagd beträchtlich erleichtert werden.

ERFINDEN NACH DEM VORBILD DER NATUR

Ein weiteres Beispiel ist die Erhöhung der Leistungsfähigkeit des menschlichen Auges. Dem Auge sind Grenzen gesetzt, wenn es darum geht, in die Welt der Kleinstlebewesen oder in den Kosmos vorzudringen. Die technische Entwicklung vollzog sich daher, ausgehend vom Auge, zum Fernrohr und von da aus zum Teleskop. Für das Eindringen in die Welt der kleinen Abmessungen jedoch von der Lupe zum Mikroskop und von da aus zum Elektronenmikroskop. Es konnten nicht allein vorhandene Organe verstärkt und ihre Reichweite vergrößert werden, sondern der Mensch schuf sich neue „Organe", Werkzeuge und Maschinen, durch die er sich schließlich auch in die Luft erheben konnte. Die Natur hat ihm vielfältige Anregungen gegeben. Der Mensch hat von ihr gelernt. Dabei ist es eigentlich verwunderlich, dass der Mensch, von Natur aus unbegabt zum Fliegen, heute schneller und weiter zu fliegen vermag als irgendein anderes Lebewesen.

FLIEGEN WIE DIE VÖGEL

Der Flugpionier Otto Lilienthal (1848–1896) ging ebenfalls bei der Verwirklichung des Menschheitstraumes vom Fliegen den Weg der Naturbeobachtung.

Erst die Erkenntnis, dass die Muskelkraft des Menschen nicht ausreicht, um mit einem für die damaligen Verhältnisse schweren Schlagflügelapparat die Erdanziehungskraft zu überwinden, führte ihn vom Gleitflug der Störche auf der Grundlage des gewölbten Flügels zum Gleitflugapparat.

Vom Storchenflügel zum Gleitflugapparat

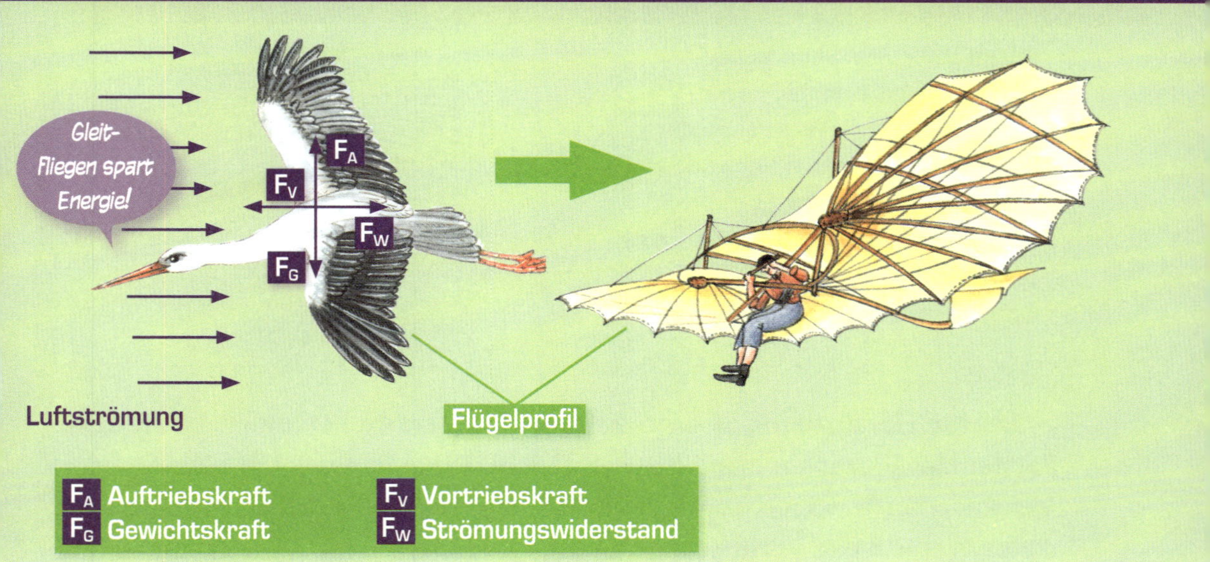

Das vom Naturvorbild Storchenflügel abgeleitete Prinzip, dass ein im Luftstrom gewölbter Flügel eine Auftriebskraft erfährt, die der Gewichtskraft entgegengerichtet ist, setzte er über zahlreiche Experimente kontinuierlich im Gleitflugapparat um.

Prinzip i

Es stellt das Wesentliche oder das Wichtigste einer Erscheinung dar.
Beispiel: Hebelprinzip an der Blechschere

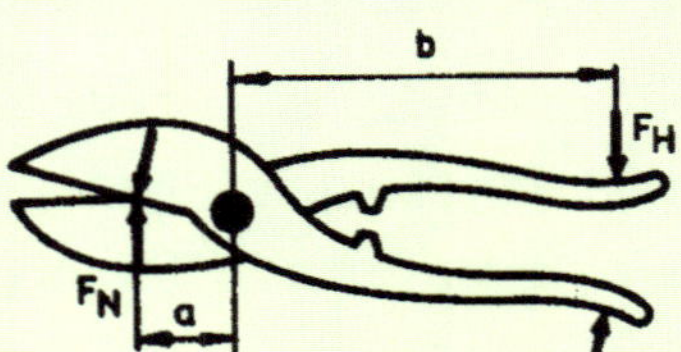

Lilienthals Denkweise war dadurch gekennzeichnet, dass er seine Idee vom Gleitflugapparat bis hin zu dessen Vermarktung führte. Dies wird darin deutlich, dass er anfing, die Flugapparate in kleinen Stückzahlen herzustellen und auch zu verkaufen.

Auftriebs- und Gewichtskraft

Ein im Luftstrom befindlicher Flügel erzeugt eine nach oben gerichtete Auftriebskraft, die der nach unten wirkenden Schwerkraft entgegengerichtet ist. Damit sich das Flugobjekt in der Luft hält, muss die Auftriebskraft größer als die Schwerkraft sein.

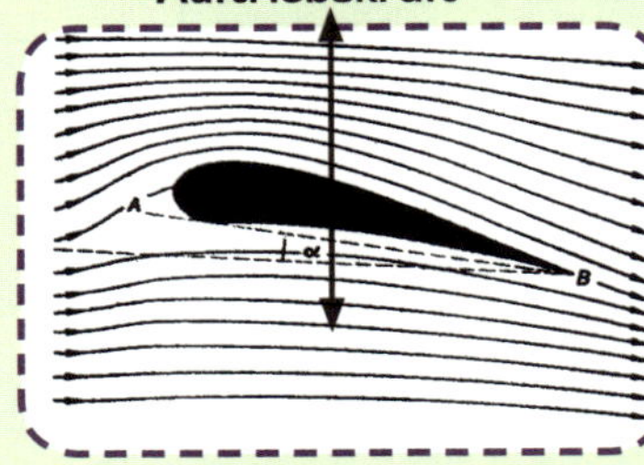

Leichte Handhabung als Verkaufsargument erzielte er, indem er die Tragflächen des Flugapparates faltbar gestaltete. Diese Bauweise erleichterte den Versand, den Transport sowie die Aufbewahrung und sollte dem Flugapparat dadurch eine weite Verbreitung sichern.

Zu diesem Zweck waren die tragenden Rippen aus Weidenruten in zwei Knotenpunkten beweglich angeordnet. Nach dem Lösen der beiden vorhandenen Spanndrähte konnten die Flügel fächerförmig zusammengefaltet werden. Dieses Fächerprinzip existiert auch bei einigen Insektenflügeln, wie den Flügeln des Ohrwurmes. Ob sich Lilienthal durch diese biologische Faltkonstruktion inspirieren ließ, ist nicht bekannt.

Durch die Luft zu segeln wie die Vögel, mit einem Fluggerät, das schwerer als Luft ist und nicht wie ein Ballon den statischen Auftrieb eines leichten Gases nutzt, sondern den aerodynamischen Auftrieb eines nach bestimmten Gesetzen geformten Flügels, war die Verwirklichung des großen Menschheitstraumes. Bei Lilienthals Flugapparaten fehlte jedoch eine geeignete Steuereinrichtung. Seine Gleitflugapparate steuerte er, indem er sein Körpergewicht verlagerte. Dies und andere Umstände, wie eine Sonnenböe - ein plötzliches und heftiges Ablösen erwärmter Luft in Bodennähe - haben zum Absturz und Tod Lilienthals geführt.

Den Nachteil der „Körpersteuerung" haben die Brüder Wilbur Wright (1867–1912) und Orville Wright (1871–1948) durch Einführung der mechanischen Steuerung bei der Verwirklichung des Motorfluges behoben. Die Beobachtung des Vogelfluges half hier auch weiter und brachte Wilbur auf die Idee, die Tragflächen zu verdrehen.

Vom Faltflügel des Ohrwurms zum faltbaren Flugapparat

A B C Faltmechanismus

Wilbur folgerte: „Die Bussarde gewinnen ihre Querlage durch Verdrehung der Enden ihrer Flügel wieder. Wird das hintere Ende des rechten Flügels nach oben und das des linken nach unten gedreht, so rollt der Vogel um eine vom Kopf zum Schwanz führende Achse."

Wilbur Wright beschreibt hier die Wirkungsweise der Querruder. Dabei setzten die Brüder das biologische Prinzip, welches sie vom Naturvorbild ableiteten, in eine technische Lösung um.

Sie bauten die Tragflächen durch Textilbespannung flexibel und verdrehten sie mit Hilfe von Rollen und Seilen wechselseitig.

Durch diese Bauweise erzielten sie mit dieser Vorrichtung die gleiche Wirkung wie mit Querrudern der heutigen Flugzeuge. So sicherte ihnen diese Vorgehensweise auch den Schlüssel zu ihrem Erfolg.

Die Wrights gingen also über die Naturbeobachtung hinaus und setzten die Erkenntnisse über die Flugrichtungsänderung des Bussards zielstrebig mit Materialien der Technik und anderen Größenverhältnissen in der Flugzeugsteuerung um.

VON DER RIESENSEEROSE ZUM KRISTALLPALAST

Ein anderes aufschlussreiches Beispiel ist in der Architektur die Konstruktion der Kuppel des Londoner Kristallpalastes durch Joseph Paxton (1803–1865). Dieser Palast wurde anlässlich der ersten Weltausstellung gebaut. Die Kuppel des Palastes gestaltete Paxton nach dem Prinzip der radialen Verrippung, welches er von der Struktur der Blattunterseite der Riesenseerose Victoria regia abgeleitet hatte.

Diese Riesenseerosenart, die in Südamerika beheimatet ist, braucht diese radiale Verrippung zur Stabilisierung der Blattfläche, die bis zu 2,20 Meter Durchmesser

Von der Riesenseerose zum Kristallpalast

Blattunterseite der Riesenseerose mit dem Prinzip der radialen Verrippung

haben kann und eine Tragfähigkeit von etwa 50 Kilogramm besitzt. In Botanischen Gärten ist diese Seerose zu bewundern, jedoch werden ihre großen Blattdurchmesser nur in der freien Natur erreicht.

Durch die konsequente Anwendung dieses Prinzips in der Architektur der Palastkuppel war es möglich, eine große Fläche mit relativ wenig Materialaufwand zu überdachen. Der ästhetische Gewinn liegt in der Natürlichkeit der Anordnung und Aufteilung wiederkehrender Bauelemente. Der 563 Meter lange, 124 Meter breite und im Querschiff 41 Meter hohe Palast entstand in einer Rekordbauzeit von nur neun Monaten. Dies war möglich, weil weitgehend austauschbare Bauelemente verwendet wurden.

Das Lernen von der Natur ist eine Wesensart des Menschen und ist so alt wie die Menschheit selbst. Im Laufe der Zeit entwickelte sich dieses Lernen immer weiter und führte schließlich zur Herausbildung der Wissenschaft Bionik.

6 BIONIK – EINE NEUE ZUKUNFTSWISSENSCHAFT

Naturorientiertes Lernen

Lernen von der Natur für die Technik, bezeichnet als Bionik, ist eine noch relativ junge Wissenschaft. Unbestritten ist, dass viele Problemlösungen der Natur ökologischen und ökonomischen Anforderungen oft besser entsprechen als jene der heutigen Technik.

Beispielsweise liefert der Aufbau der Wabennester von Bienen perfekte Vorlagen für leichte, aber trotzdem stabile und druckfeste Konstruktionen für Flugzeugtragflächen, Flugzeugrümpfe, Wabenkernwände und -türen, Snowboards und noch vieles Weiteres.

ENTSTEHUNG UND ENTWICKLUNG DER BIONIK

Die Ursprünge der Bionik als Wissenschaft liegen hauptsächlich in der Militärforschung während des Zweiten Weltkrieges, die besonders in Deutschland und England vorangetrieben wurde. So wurde durch die englische Marineforschung, nach dem Vorbild der rechts gezeigten Ultraschallorientierung der Fledermäuse, ein wirkungsvolles Echolot entwickelt.

Echoortung der Fledermaus – Zeitabstand zwischen Impuls der Fledermaus und zurückkehrendem Echo des Falters entspricht der Entfernung

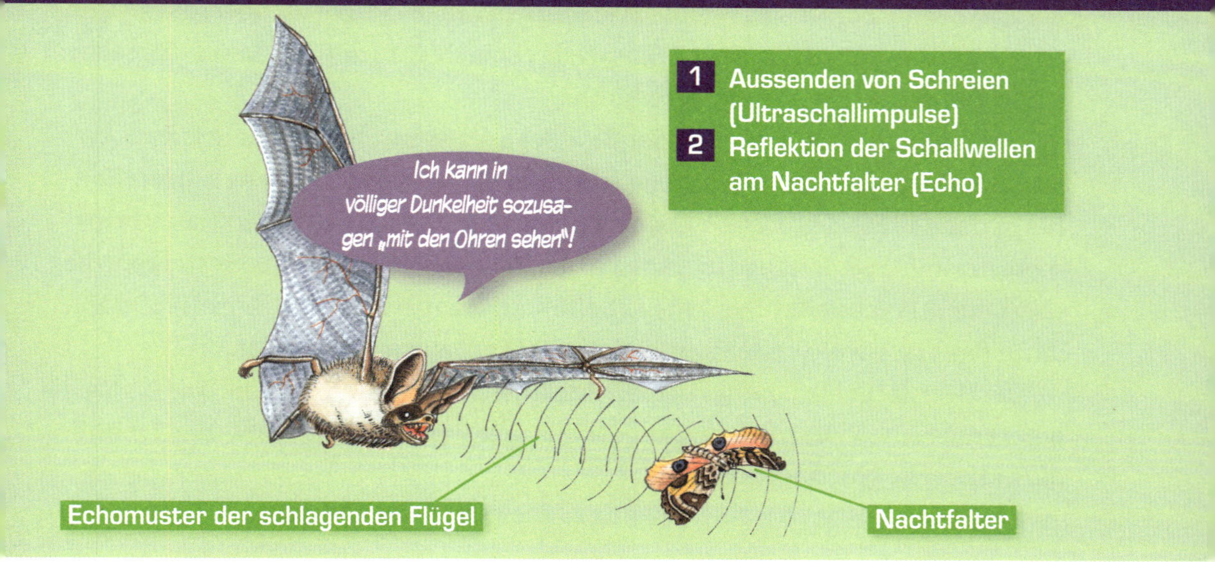

Echolot

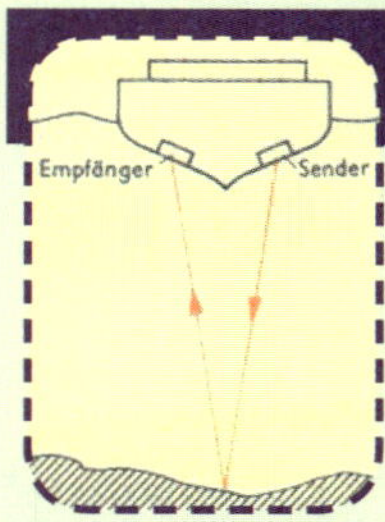

Gerät zur Messung von Wassertiefen und Objekten, die sich unter Wasser bewegen, sowie von Flughöhen. Dabei wird diejenige Zeit gemessen, die zwischen dem Aussenden eines Schallimpulses und dem Eintreffen des Echos verstreicht.

Infrarotdetektor

Bauelement zur Aufnahme von Wärmestrahlung, die auch Infrarotstrahlung genannt wird. Mit ihm kann Richtung und Abstand einer Infrarotquelle (Infrarotsender) erkannt werden. Beispiel: Berührungslose Temperaturmessung.

Ultraschall

Als Ultraschall werden Schallwellen bezeichnet, deren Frequenz zwischen 20 kHz und 10 Ghz liegt. Diese ist so hoch, dass wir Menschen sie nicht wahrnehmen können. Frequenz: Anzahl der Schwingungen pro Sekunde.

In Deutschland dagegen setzte die Wehrmacht auf Infrarotdetektoren nach dem Vorbild des Grubenorgans der Klapperschlangen. England war jedoch in der Lage, seine Forschungsergebnisse schneller in die Praxis zu überführen und versenkte daraufhin durch den Einsatz des Echolotes in der Straße von Gibraltar einen Teil der deutschen Unterseeflotte.

Der endgültige Durchbruch der Bionik als Wissenschaft erfolgte jedoch erst Ende der fünfziger Jahre des 20. Jahrhunderts. Der amerikanische Luftwaffenmajor Jack E. Steele (1924–2009) von der Abteilung für Luft- und Raumfahrtmedizin soll 1958 den Begriff „bionics“ als Wissenschaft von den Systemen, die nach der Art lebender Systeme arbeiten, geprägt haben. Im Jahre 1960 fand dann der erste weltweite Bionik-Kongress in Dayton/Ohio statt.

Der Begriff Bionik beinhaltet die Disziplinen Biologie und Technik. Die Biologie liefert dabei die Erkenntnisse über die biologischen Systeme, wobei der Technik die praktische Nutzung zukommt.

Begriff Bionik

Biologin

Untersucht (analysiert) Aufbau und Funktion von Pflanzen und Tieren. Diese Vorgehensweise ist forschend-entdeckend.

Ingenieur

Erzeugt (synthetisiert) technische Gebilde (Maschinen, Geräte, Anlagen ...). Diese Vorgehensweise ist gestaltend-erfindend.

Die Bionik befasst sich mit der Untersuchung des Aufbaues und der Funktion von Pflanzen und Tieren, um daraus Anregungen für die Lösung technischer Probleme zu gewinnen. Professor Werner Nachtigall von der Universität Saarbrücken und Professor Ingo Rechenberg von der Technischen Universität Berlin haben diese Wissenschaft maßgeblich vorangetrieben und geprägt.

Die Gestaltung reibungsmindernder Außenhäute nach dem Vorbild der Delfinhaut und deren Aufbringung auf Unterseebootrümpfe leitete eine neue Entwicklungsetappe des Lernens von der Natur ein, die letztlich auch zur Herausbildung der Bionik als moderne Wissenschaftsdisziplin führte. Delfine haben nämlich im Laufe der Evolution eine „mitdenkende Haut" entwickelt.

Die glatte Oberfläche wird von einer dünnen, aber festen hornähnlichen Schicht gebildet. Darunter befindet sich eine Schwammschicht, deren Zellzwischenräume mit Flüssigkeit gefüllt sind. Dadurch wird die Haut sehr flexibel und hat eine größere Elastizität. Beim Schwimmen passt sich diese hervorragend gestaltete Haut dem Strömungswiderstand an.

Strömungswiderstand

Bei der Bewegung eines Körpers durch Wasser oder in der Luft schiebt dieser das Wasser oder die Luft vor sich her und dann schließlich zur Seite. Dem Körper setzt also das Wasser bzw. die Luft einen Widerstand entgegen. Dieser Widerstand ist umso größer, je größer die Geschwindigkeit ist, mit der der Körper sich bewegt. Außerdem ist er von der Größe der angeströmten Querschnittsfläche abhängig. Je größer diese Fläche, umso größer der Widerstand. Zur Überwindung des Strömungswiderstandes ist Energie nötig.

Beispiele: Die Fläche des Regenschirmes setzt der sich schnell bewegenden Luft einen Widerstand entgegen. Der Radfahrer muss zur Überwindung des Gegenwindes bei seiner Fahrt mehr Energie aufwenden.

Von der Dämpfungshaut des Delfins zur reibungsmindernden U-Boot-Verkleidung

Bei starkem Strömungswiderstand gibt die Haut nach, bei abnehmendem Widerstand geht sie wieder in ihre Ausgangslage zurück. Diese Anpassungsfähigkeit der Schichthaut führt zur Verhinderung großer Verwirbelungen am Delfinkörper. Dadurch erreicht der Delfin Geschwindigkeiten von etwa 60 km/h.

Der deutsche Ingenieur Max Otto Kramer (1903–1986) führte nach dem Zweiten Weltkrieg in den USA Untersuchungen mit Delfinhäuten durch und entwickelte daraus eine künstliche zweischichtige Dämpfungshaut, die, auf Unterseeboote angebracht, den Strömungswiderstand spürbar herabsetzte. Auch erste Versuche bei Schiffen haben gezeigt, dass sich durch diese Verkleidung beträchtliche Einsparungen an Treibstoff erzielen lassen.

Die als Laminoflow bezeichnete, etwa 3,5 Millimeter dicke und flexible Kunststoffhaut ist aus kleinen elastischen Stiftelementen aufgebaut, die sich bei einer äußeren Krafteinwirkung durch Wasserdruck, wie die Stiftelemente der Delfinhaut, zusammendrücken.

Die sich bei hohen Geschwindigkeiten bildenden Verwirbelungen am Rumpf der Unterseeboote und Schiffe versetzen über die äußere Haut die darunter liegende weiche Schicht und die Flüssigkeit in Schwingungen und dämpfen diese wirkungsvoll.

Geringer Strömungswiderstand bedeutet also geringen Treibstoffverbrauch und damit geringe Belastung der Umwelt durch Schadstoffe aus den Verbrennungsgasen.

DIE NATUR LÄSST SICH NICHT KOPIEREN

Oder doch? Schauen wir uns den Klettverschluss oder den Wulstbug von Schiffen an, welcher der Delfinschnauze nachempfunden ist, so erkennen wir sie mehr oder weniger als direkte Nachahmung. Dies ist aber nur in den seltensten Fällen der Bionik möglich. Bei der Bionik geht es nicht einfach darum, biologische Vorbilder und deren Lösungen in die Größenverhältnisse der Technik zu übertragen. Diese Arbeitsweise würde in eine Sackgasse führen. So ist es eine Unmöglichkeit, einen überdimensionalen Vogel- oder Insektenflügel an ein Flugzeugrumpf anzubringen. Ein Quadratmeter Insektenflügel würde zwar sehr leicht sein (etwa 10 Gramm), aber in diesen Abmessungen völlig instabil.

Der bekannte Bioniker Professor Werner Nachtigall formulierte deshalb treffend, dass die Natur keine Blaupausen liefert, denn sie konstruiert nicht für den Menschen.

Was man von der Natur übernehmen kann, sind Anregungen. Es geht darum, das Bauprinzip in der biologischen Konstruktion zu erkennen und dieses dann in die Größenverhältnisse und Materialien der Technik zu übertragen. So wie Otto Lilienthal das Prinzip des gewölbten Flügels in ein Gleitflugzeug oder Joseph Paxton das der Längs- und Querverrippung der Blattadern der Riesenseerose in einen Kuppelbau umsetzte. Sowohl in der Natur als auch in der Technik des Menschen herrschen nun mal andere Größenverhältnisse, die Materialien sind völlig anders aufgebaut und bestehen zudem noch aus anderen Stoffen.

Ein Vogelflügel ist kleiner als ein Flugzeugflügel. Mit dieser Tatsache wurden schon recht früh die Flugpioniere Wilbur und Orville Wright, die Erfinder der mechanischen Steuerung, bei der Verwirklichung des Motorfluges konfrontiert.

Zu einem besonderen Anlass bekam Wilbur einmal einen Propellerflieger zum Geschenk. Es war ein einfaches Modell aus Pappe und Holzstäben, dessen Propeller von einem straff gedrehten Gummiband angetrieben wurde.

An diesem Modell experimentierten die Brüder und gingen der Frage nach, wie es gelingen könnte, diesen Gummimotorflieger zu den Wolken aufsteigen zu lassen, wenn er größer wäre.

Gummimotor

Ein Gummiband, welches auf der einen Seite fest gelagert und auf der anderen an eine Luftschraube angebracht ist, wird an der Schraube durch mehrmaliges Drehen „aufgezogen". Die dadurch gespeicherte Energie (Antriebsenergie) setzt beim Loslassen die Luftschraube in schnelle Drehbewegung.

Beispiel: Modell eines Aeromobils mit Gummimotor

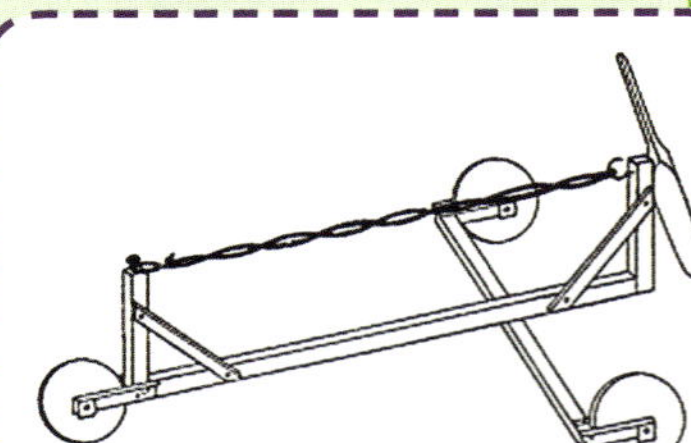

Vortriebskraft beim Fliegen

Sie ist eine nach vorn gerichtete Kraft, die durch Triebwerke oder mit Motoren angetriebene Luftschrauben erzeugt wird. Diese Kraft muss den Strömungswiderstand (nach hinten gerichtet) überwinden.

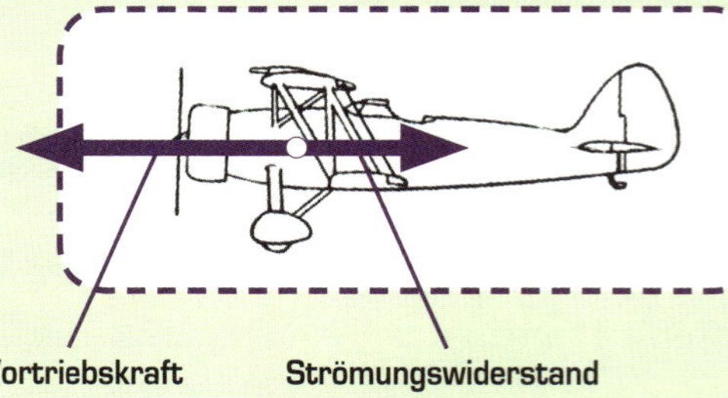

Alsbald wurde von ihnen ein doppelt so großes Modell gebaut und erprobt. Sie waren sehr enttäuscht darüber, dass das Modell nicht flog, obwohl sie den Antrieb doppelt so stark gestalteten.

Sie dachten lange über diesen misslungenen Flugversuch nach, konnten aber keine Erklärung finden.

Erst viel später, als sie längst erfahrene Flugzeugkonstrukteure waren, erkannten sie, dass bei einem vergrößerten Flugmodell die erforderliche Vortriebskraft mit der dritten Potenz der Vergrößerung steigt. Das bedeutet, ein doppelt so großes Modell braucht demzufolge 2 x 2 x 2 = 8-fache Kraft. Daher war es einsichtig, dass die zu groß gewordene Masse des doppelt vergrößerten Modells mit einem doppelt so starken Antrieb nicht ausreichen konnte.

Vergleichen wir diese Erscheinung mit zwei unterschiedlich großen Würfeln. Der größere Würfel ist genau zweimal so lang, breit und hoch wie der kleinere. Diese Verdoppelung hat zur Folge, dass der Rauminhalt achtmal größer wird. Außerdem wird beim Zerlegen des großen Würfels in kleine Würfel der Zuwachs an Oberfläche bei gleich bleibendem Volumen deutlich.

In Zahlen ausgedrückt würde ein Vergleich von einem Würfel mit einer Kantenlänge von 10 Zentimeter und einem mit einer Kantenlänge von 10 Dezimetern folgendes ergeben: Die linearen Verhältnisse beider Würfel verhalten sich wie 1:10. Die Oberflächen dieser Würfel dagegen verhalten sich schon wie das Quadrat des Längenverhältnisses wie 1:100 und das Volumen und damit auch die Masse verhalten sich wie die dritte Potenz des Längenverhältnisses, also wie 1:1000.

Zusammenhang zwischen Oberfläche und Volumen

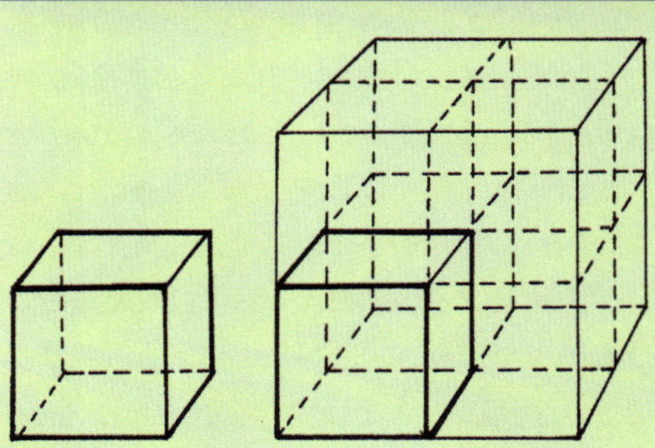

Kehren wir zum Flugmodell zurück. Jetzt wird klar, dass die Stabilität der vergrößerten Flügel nur durch eine Verstärkung der Rippen erreichbar wäre. Die stärker belasteten Flügel müssen also zusätzlich mehr Kraft zur Überwindung des dadurch vergrößerten Luftwiderstandes aufbringen.

Dieses einfache Beispiel des Flugmodells zeigt erneut den Irrtum auf,

dass man von einem maßstabsgerecht vergrößerten oder verkleinerten Körper die gleiche Leistung erwarten könnte.

Im Flugmodellbau oder beim Bau anderer Funktionsmodelle gibt es daher nur zwei Möglichkeiten. Entweder man entscheidet sich für detailgetreue Abbilder von Flugzeugen, die nicht fliegen, oder es werden flugfähige Modelle gebaut, die in ihren Abmessungen stark von denen realer Flugzeuge abweichen.

Wie wir erfahren, steckt die lebende Natur voller Wunder und interessanter Mechanismen. Dabei sind die Jagdmechanismen der Schleiereule besonders effektiv. Dieser Nachtjäger kann eine Maus bei absoluter Dunkelheit fangen, weil seine Schallortungsorgane und sein Gefieder an diese Jagdbedingungen

Federkamm aus Papier

Wie können Fluggeräusche verringert werden ?

Benötigtes Material:

- **Kopierpapier**
- **Schere**

Herstellung eines Federmodells:

1. **Zwei Papierstreifen mit den Maßen 8x1,5 cm schneiden**
2. **Einen der beiden Streifen in viele kleine Schnitte unterteilen.**

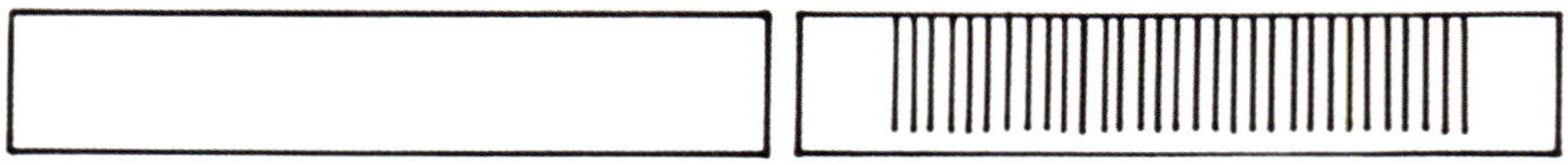

Welcher der beiden Papierstreifen erzeugt beim Anblasen die geringsten Geräusche?

Durchführung:

Nacheinander beide Papierstreifen zwischen beide Daumen legen und kräftig anblasen.

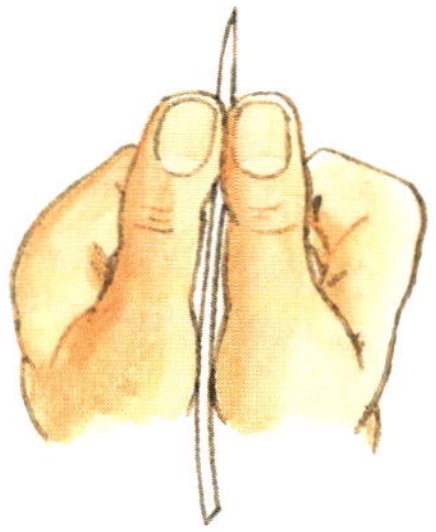

Erkenntnis:

Bei welchem Papierstreifen ist die Geräuscherzeugung am geringsten? Welche Bedeutung hat der Federkamm für die Geräuschverringerung?

Vom Federkamm der Schleiereule ließen sich Lösungen zur Geräuschverminderung von Flugzeugflügeln und Rotorblättern von Windkraftanlagen ableiten.

besonders gut angepasst sind. Punktgenaue Ortung der Beute und Leiseflug sind die ausgeprägten Eigenschaften dieses erfolgreichen Nachtjägers.

Erkunden wir erst das außerordentlich gute Gehör. Der herzförmige Gesichtsschleier funktioniert wie eine Satellitenschüssel und bündelt die Schallwellen, die von der Beute erzeugt werden. Die genaue Richtungswahrnehmung der Schallquelle erfolgt durch die besondere Anordnung der Ohren hinter dem Gesichts-

schleier. Die Ohren liegen nicht nur weit auseinander, sondern auch in unterschiedlicher Höhe. So liegt der linke Gehörgang etwa sechs Millimeter höher als der rechte. Durch diese Anordnung treffen die Geräusche als Signal von der Beute in beiden Ohren mit einem Zeitunterschied von Millionstelsekunden ein. Dasjenige Ohr, welches der Geräuschquelle am nächsten liegt, hört also zuerst den Ton mit etwas höherer Lautstärke.

Aufgrund der besonders aufgebauten Federn fliegen Eulen extrem leise. Die Federn sind mit schallschluckenden Oberflächenteilchen aufgebaut. Sie bestehen aus dem sogenannten Flaum, also sehr feinen Federchen, und den kammartig ausgefransten Vorderfahnen der ersten Schwungfedern. Ein kleines Freihandexperiment soll uns die Funktion des Federkammes verdeutlichen. Es funktioniert ähnlich wie das Anblasen eines Grashalmes, bei dem eine Tonschwingung erzeugt wird.

An diesen Beispielen ist ersichtlich, dass sich die Natur nicht kopieren lässt. Vielmehr geht es um die Prinzipfindung, um das Ergründen des übertragbaren Wesentlichen. Dazu kommt die Kreativität und Fantasie des Menschen, sodass daraus eine wirkungsvolle technische Konstruktion entstehen kann.

Bei der Bionik geht es also darum, den unermesslichen Reichtum der Natur als Anregung für die Lösung technischer Probleme zu nutzen, um Technik wirksamer, besser, menschengerechter und umweltfreundlicher zu gestalten.

7 ERFINDEN MIT DER NATUR

Von der Entdeckung zur Erfindung

Im Spätsommer der 1940er Jahre: Der Schweizer Ingenieur George de Mestral (1907–1990) durchstreift mit seinem Hund auf einem Spaziergang unweit seines Anwesens die Wiesen. An diesem sonnigen Nachmittag ahnt er noch nicht, dass er Jahre später der Patentinhaber eines völlig neuen Verschlusssystems, des Klettverschlusses, sein würde. Anfangs ärgerte er sich darüber, dass er jedes Mal seinen Hund von den lästigen Kletten befreien musste, die sich in seinen langen Fellhaaren anhefteten. Die Neugier dieses Entdeckers und Erfinders führte dazu, dass er die Kletten unter dem Mikroskop untersuchte. Verblüfft stellte er dabei fest, dass die Stacheln an ihren Enden wie Häkchen geformt waren. Sie brachen auch nicht ab, wenn er sie aus dem Fell des Hundes abstreifte. Beliebig oft konnten die elastischen Häkchen vom wuschligen Fell des Hundes entfernt werden. Auf diese Weise werden die Kletten durch Tiere und auch den Menschen verbreitet. Einfach genial, diese Lösung der Natur, die sich „kostenloser" lebender Transportmittel zur Verbreitung der Früchte bedient.

Aus dieser Entdeckung leitete de Mestral die Erfindung ab, zwei Materialien immer wieder lösbar zu verbinden: Eine Verschlussseite bildet ein elastisches Hakenband und die andere die leicht abstehenden Schlingen des Stoffes …

Die Erfindung des Klettverschlusses durch George de Mestral

Der Hund ist voller Kletten !

Untersuchung von Kletten

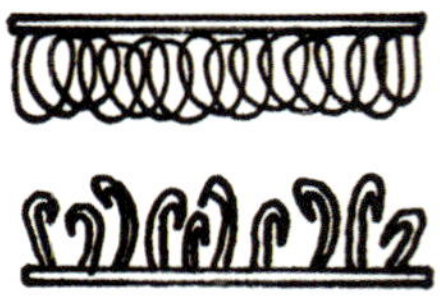

Kombination von
Schlingenband und
Hakenband

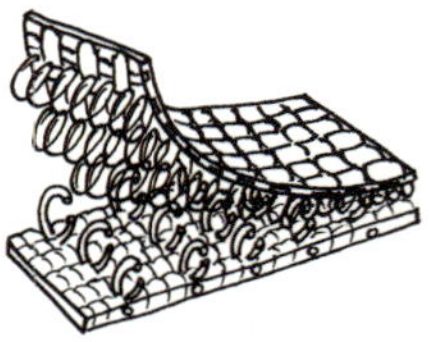

Techn. Lösung:
Klettverschluss

Die Erfindung des Klettverschlusses ist heute bei vielen Erzeugnissen ein gebräuchliches Verbindungsmittel. So ist er bei Schuhen, Taschen und Kleidungsstücken, bei Zelten und sogar in der Medizin und Raumfahrt nicht mehr wegzudenken.

Erfindungen des Menschen wurden von jeher durch die Natur angeregt. Zeugnisse dafür sind die ersten Werkzeuge des Paläolithikums, der Altsteinzeit, in Form von Faustkeilen, die keilförmigen Reiß- und Schneidezähnen ähneln und vom Homo erectus und Homo habilitis angefertigt wurden.

Viele Werkzeuge unserer Vorfahren, die auch wir heute benutzen, lassen eine Ähnlichkeit mit scharfen Zähnen und Krallen einiger Tiere erkennen.

Oder der Rammbock als Mauer- und Torbrecher belagerter Festungen, den die Griechen vor 3.000 Jahren nach dem Vorbild des Widderschädels erfanden. Die Entdeckung, dass die gewölbte Stirn mit den kurzen Hörnern besonders widerstandsfähig war, führte zur Erfindung der Ramme, die nun die dicksten Festungstore leicht zerschmettern konnte. Wie wir feststellen, können mit den Vorbildern, welche die Natur sozusagen „gratis" zur Verfügung stellt, viele Probleme des Menschen gelöst werden.

BIOLOGISCHE PHÄNOMENE ENTDECKEN – TECHNISCHE LÖSUNGEN ERFINDEN

Erfinden, das heißt nicht nur neue Technologien und bessere Arbeitsbedingungen zu entwickeln, sondern auch für eine intakte Umwelt zu sorgen und mit Material und Energie sparsam umzugehen. Hierbei gibt es in der lebenden Natur wieder eine Menge von Anregungen zur Problemlösung zu finden. Erfinden mit der Natur bedeutet, zunächst einmal von ihr zu lernen, um Entdeckungen zu machen.

Wer also von ihr lernt, sollte genau und aufmerksam beobachten, beschreiben, Vergleiche ziehen und experimentieren. Dadurch lassen sich in der Natur interessante Dinge und Erscheinungen entdecken. So bildet beispielsweise die Untersuchung der Greiffunktion von Krebsscheren und Vogelkrallen die Voraussetzung für die Entwicklung eines einfachen Roboterarmes, die Untersuchung des Gleitens von Flugsamen und dessen Aufbau die Voraussetzung für die Entwicklung von Gleitflugmodellen. Oder soll das Problem des Befestigens von Gegenständen an der Wand gelöst werden, so ist es möglich, die Natur ebenfalls

Beobachten

Es werden Erscheinungen der Natur und/oder Technik gezielt wahrgenommen. Dabei werden Einzelheiten, Eigenschaften und Merkmale nach ihren besonderen Ursachen und Wirkungen untersucht.

Experimentieren

Systematisches und zielgerichtetes Einwirken auf das Objekt mit technischen Mitteln (Versuchsaufbau) und das Beobachten der Auswirkungen zur Gewinnung von Erkenntnissen.

nach ihren Lösungen zu befragen. Durch Untersuchen und Vergleichen verschiedener Tierarten, wie Saugwürmer, Schiffshalter, Geckos sowie Tintenfische und deren Haftorgane (Saugnäpfe), kann ein gemeinsames Prinzip entdeckt und auf das zu lösende Problem übertragen werden. Man hat dadurch sozusagen eine Erfindung nach der Natur gemacht.

Wie können wir nun die Natur befragen, um von ihr zu lernen? Bevor die Frage an die lebende Natur gestellt wird, sollte man sich zunächst im Klaren sein, was überhaupt gefragt werden soll.

Am Anfang steht immer ein spezielles zu lösendes Problem, wie beispielsweise schwere Lasten zu transportieren, große Entfernungen zu überwinden oder sich über große Entfernungen zu verständigen.

Voraussetzungen für Erfindungen sind oft Entdeckungen. Entdecken bedeutet, etwas wahrzunehmen, was im Verborgenen existiert, also die Aufdeckung bestehender, bisher aber unbekannter Gesetzmäßigkeiten und Sachverhalte in der Natur. Hierbei geht es darum, durch Beobachten und Experimentieren einen biologischen Sachverhalt aufzudecken, das Geheimnis eines Tieres oder einer Pflanze zu „lüften". Einige Beispiele sollen den Zusammenhang von Entdecken und Erfinden verdeutlichen.

Zunächst die Erfindung der künstlichen Haifischhaut mit Rillen für Flugzeuge. Bei den Flugzeugen geht es darum, den Treibstoffverbrauch zu senken. Diese Maßnahme verringert auch die Umweltbelastung.

Bekannt ist, dass glatte Oberflächen wenig Reibung erzeugen. Das ist aber nur

Die „Befragung“ der Natur als forschend-entdeckendes Lernen

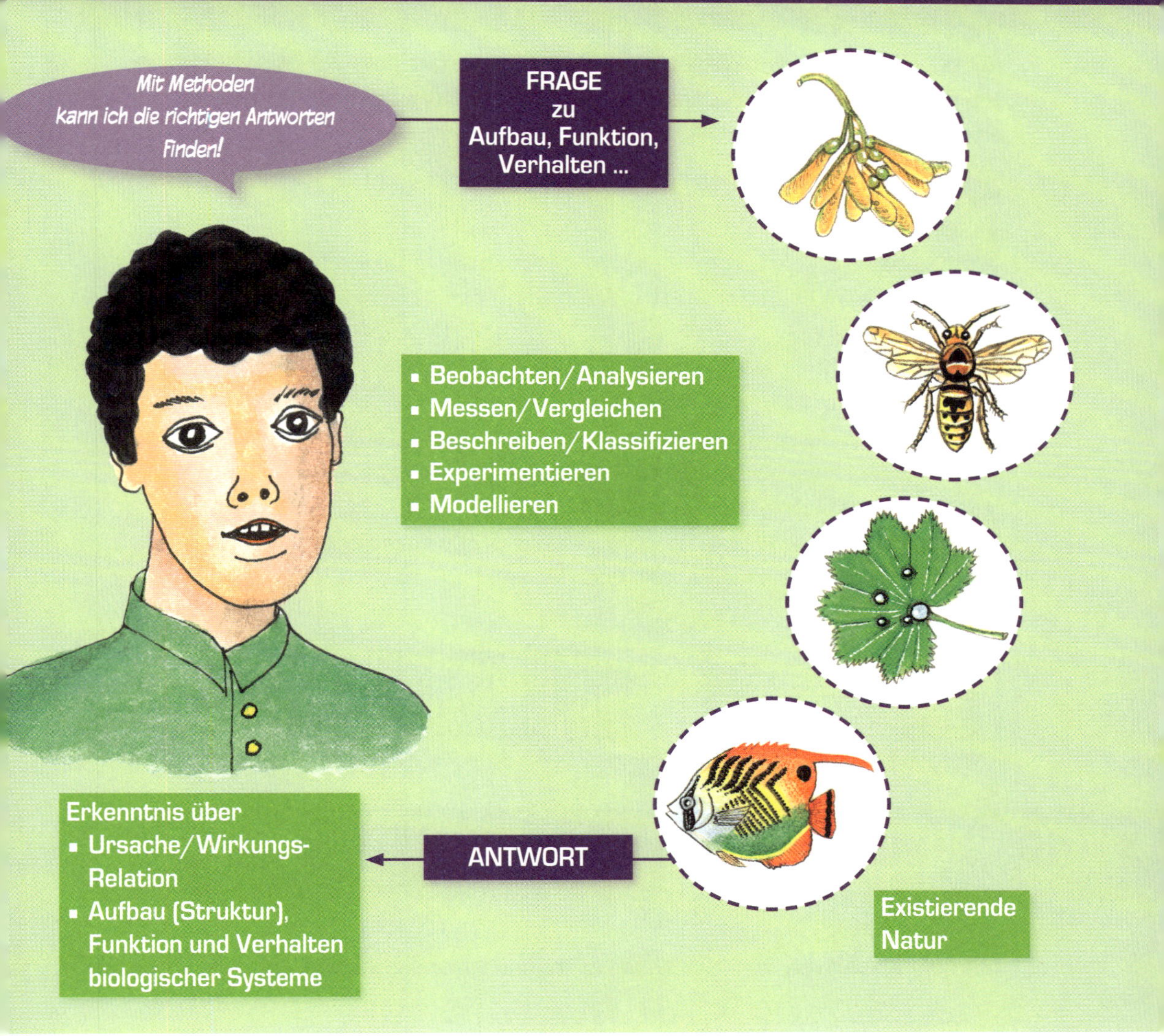

die halbe Wahrheit, denn selbst strömungsgünstige, glatte Körper gleiten nicht widerstandslos in Wasser und Luft. Verwirbelungen, man nennt sie Turbulenzen, bremsen ihre Fortbewegung.

Entdeckt wurde zunächst der Effekt zur Verringerung des Reibungswiderstandes durch Rillenschuppen von dem Tübinger Paläontologen Wolf-Ernst Reif (1945–2009) an der Haut schnell schwimmender Haie.

Rillenschuppenmodelle aus Wellpappe

Auf die Anordnung der Rillen kommt es an (Längs oder quer zur Strömungsrichtung?). Wie kann der Reibungswiderstand an der Körperoberfläche vermindert werden?

Benötigtes Material:

- Wellpappe
- Schere
- Klebstoff
- Bleistift

Modellherstellung:

1. Von der Wellpappe zwei Streifen mit den Maßen 10 x 3 cm schneiden. Dabei beachten, dass bei dem einen Streifen die Wellen in Längs- und bei dem anderen in Querrichtung verlaufen.
2. Aus ebener Pappe zwei Streifen gleicher Größe schneiden.
3. Beide Streifen auf die Pappstreifen kleben.

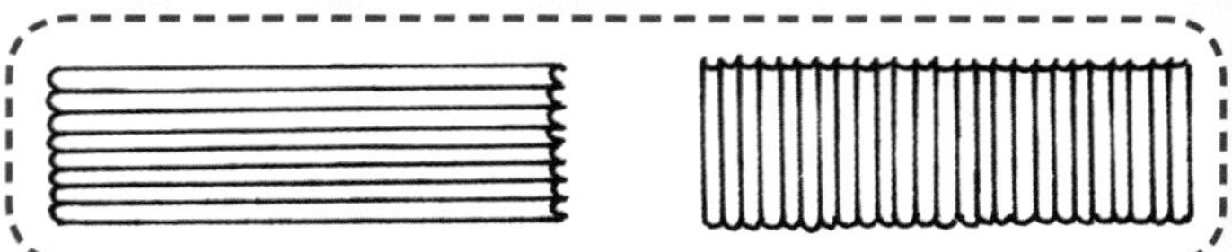

Experiment: Welches der beiden Rillenschuppenmodelle erzeugt den geringsten Reibungswiderstand ?

Durchführung:

Mit dem Zeigefinger von links nach rechts nacheinander über die Modelle streichen!

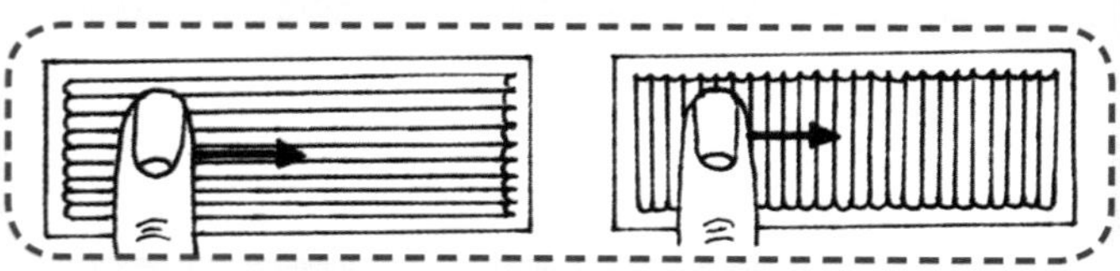

Erkenntnis:

Bei welchem Modell ist der geringere Widerstand zu spüren? Welche Bedeutung hat die Rillenanordnung für den Energieaufwand beim schnellen Schwimmen ?

Er hat festgestellt, dass sich manche Haihaut wie Sandpapier anfühlt. Und durch Zufall erfuhr er, dass die Haihaut an den Küsten mancher Länder noch als Schleifmittel verwendet wird. Sorgfältig untersuchte er unter dem Mikroskop die Schuppen und sah Längsrillen auf ihnen, die parallel zur Strömungsrichtung angeordnet waren. Schließlich fand er heraus, dass Rillen an Oberflächen weniger Reibung verursachen, als glatte Oberflächen.

Durch diese Rillenschuppen kann der Hai den Reibungswiderstand des Wassers an der Körperoberfläche verringern und so Geschwindigkeiten von 50 bis 60 km/h erreichen. Auf diesen Erkenntnissen aufbauend, erkannte dann der Ingenieur Dietrich W. Bechert, dass die Rillenoberfläche in einer turbulenten Strömung widerstandsvermindernd wirkt. Eine Strömung wird als turbulent bezeichnet, wenn die Stromlinien ungeordnet verlaufen und Wirbel bilden, die den Reibungswiderstand erhöhen. Die turbulente Strömung entsteht aus der laminaren Strömung beim Überschreiten einer bestimmten Strömungsgeschwindigkeit. Eine laminare Strömung ist dadurch gekennzeichnet, dass die Stromlinien geordnet, parallel verlaufen. Man kann also feststellen, dass die feinen Rillen die turbulente Querbewegung der Strömung behindern und bei einer bestimmten Geschwindigkeit das Wasser an der körpernahen Schicht durch die Rillen leiten. Der Rillenschuppen-Effekt war damit im Prinzip entdeckt. Alsbald wurden künstliche Rillenschuppen im Modell gebaut und im Strömungskanal auf ihre Wirksamkeit getestet.

Dieser entdeckte Effekt ist nicht nur im Wasser, sondern auch in der Luft wirksam. Diese Erkenntnis führte zur Entwicklung von sogenannten „Riblet-Folien", die der Haihautoberfläche im Prinzip ähnlich waren.

Daraus erfolgte dann die Erfindung der selbstklebenden Rillenfolie für Flugzeuge, mit deren Hilfe eine Einsparung von etwa zwei Prozent des Treibstoffverbrauches pro Flugzeug erreicht werden kann. Damit können pro Jahr und Flugzeug etwa 50.000–120.000 Liter Treibstoff eingespart werden und die Umweltbelastung sinkt. Hierbei ergibt sich der Vorteil, dass bei zwei Prozent weniger Treibstoff vier Tonnen Gewicht eingespart und dadurch 4,5 Prozent mehr Nutzlast befördert werden kann.

Aber leider hat diese Bionik-Lösung Nachteile, sodass sie zur Zeit noch keine breite Anwendung bei Flugzeugen findet. Zum einen ist der Herstellungsaufwand relativ hoch und zum anderen Verschmutzen und Vereisen die Rillen, wodurch der Wartungsaufwand erheblich steigt.

Wenn wir also in der Natur ein Prinzip entdeckt haben, fällt das Erfinden dann gar nicht mehr so schwer. Für die Anwendung im Medium Luft und für das Flugzeug mussten die Rillen ähnlich fein gestaltet werden. Das entdeckte Grundprinzip wurde jedoch für die technische Übertragung verändert, sodass weitere Lösungsvarianten für Rillenformen entstanden. Es ging ja darum, für die Übertragung auf Flugzeugrümpfe die geeignetste Rillenform zu finden.

Die Dreieckform ergab im Test des Strömungskanals eine Reibungsverminderung von etwa fünf Prozent. Die Wellenform lieferte acht Prozent und die Rippenform immerhin zehn Prozent Reibungsverminderung. Die Ingenieure fanden heraus, dass jedoch für praktische Anwendungen die Trapezrillenform

Der „Rillenschuppen-Effekt“

Von der Ausgangslösung der Natur (Rillenschuppen) zu neuen Formvarianten

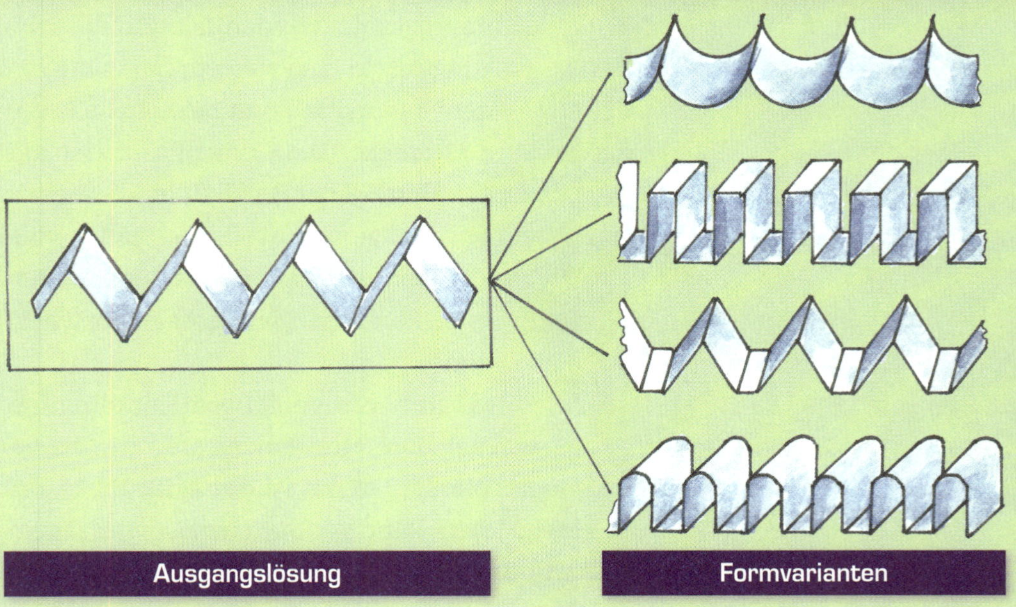

mit neun Prozent Reibungsverminderung besser geeignet ist, da sie einen entscheidenden Vorteil hat. Wird die durchsichtige Kunststofffolie mit dieser Form auf Verkehrsflugzeuge geklebt, so sind auch winzige Risse in der Metallhaut des Flugzeuges noch erkennbar. Die Folie mit Trapezrillenform wurde auf den Airbus A340 an Stellen aufgeklebt, an denen besonders große Verwirbelungen auftraten. Dadurch verbraucht das Flugzeug pro Langstreckenflug ungefähr 2,4 Tonnen weniger Treibstoff.

Übrigens hat der Schwimmanzughersteller für Schwimmwettkämpfer ein Gewebe mit dem Namen „fast-skin" entwickelt, welches auch der Haifischhaut nachempfunden wurde. Mit Hilfe dieses Anzuges kann der Schwimmer den Reibungswiderstand verringern und dadurch seine Schwimmleistung verbessern.

Ein weiteres Beispiel für den Zusammenhang zwischen Entdecken und Erfinden sind die selbstreinigenden Oberflächen.

Bekannt geworden ist der „Lotus-Effekt". So ist die Oberfläche vieler Blattpflanzen mit winzigen Wachshügelchen überzogen, sodass ein Wassertropfen nur eine kleine Auflagefläche einnimmt.

Die Schmutzteilchen liegen nur auf den Hügelspitzen auf und können durch das Wasser leicht weggespült werden. Diesen Selbstreinigungseffekt hat Professor Barthlott von der Universität Bonn bei Lotusblättern entdeckt. Die Lotuspflanze ist das Symbol der Reinheit in asiatischen Religionen, weil ihre Blätter vollkommen sauber aus dem tiefsten Schlamm der Gewässer emporwachsen.

Durch die geeignete Kombination von solchen „Hügelstrukturen" im Nanometerbereich – 1 nm ist der Milliardste Teil eines Meters – und Wasser abweisender Eigenschaft durch Wachskristalle, auch Hydrophobie genannt, erhält man technische Oberflächen mit Selbstreinigungseffekt. Eine Erfindung war „geboren": die Fassadenfarbe „Lotusan".

Dies hört sich so einfach an, aber von der Entdeckung zur Erfindung ist es oft ein langer Weg.

Ist diese Farbe auf die Fassade aufgebracht und getrocknet, enthält sie ähnliche Mikrostrukturen wie die des Lotusblattes.

Wassertropfen auf hydrophobem (Wasser abweisendem) Blatt mit Hügelstrukturen und Wachskristallen

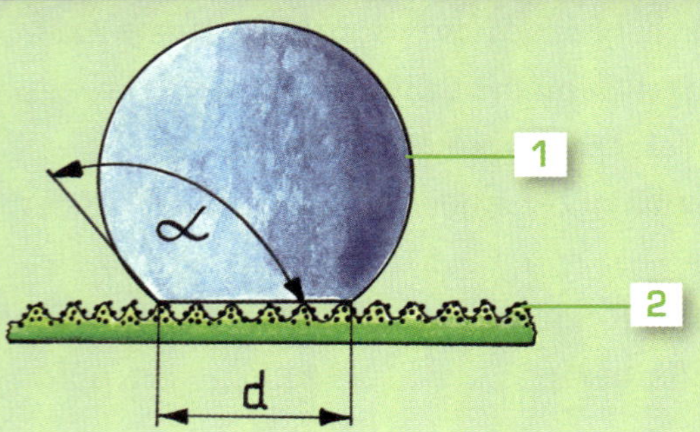

1 Wassertropfen
2 Blattoberfläche mit Noppen und Wachskristallen
α Randwinkel (°)
d Tropfendurchmesser (mm) auf der Blattoberfläche

Wäre dies nicht auch eine ideale Bionik-Lösung zur Oberflächenbeschichtung von Gebrauchsgegenständen, Dächern, Verkehrsschildern und sogar Textilien? Für Gegenstände mit Lotus-Effekt reicht schon ein kurzer Regenschauer zur vollständigen Reinigung aus. Die Notwendigkeit von umweltschädlichen Reinigungshilfsmitteln ist nicht mehr nötig. Die Umwelt wird es uns danken. Auch hier kann der bionische Denk- und Handlungsprozess abgeleitet werden: Vom biologischen Vorbild – Lotusblatt mit Oberflächenrauheit – zum Prinzip der noppenartigen Nanostruktur mit wasserabweisender Eigenschaft zur technischen Lösung Fassadenfarbe „Lotusan".

METHODEN ALS DENKZEUGE ZUM ENTDECKEN UND ERFINDEN

Beispiele aus der Geschichte von Entdeckungen und Erfindungen zeigen, dass Problemlösungen zufällig oder zielgerichtet durch die Nutzung von systematischen Vorgehensweisen und Methoden gemacht wurden.

Entdeckungen und Erfindungen durch Zufall sind gar nicht so selten. Schon die Ägypter sollen das Bier zufällig dadurch erfunden haben, dass Brotreste in einen Wasserkrug fielen und vergoren. Die Einspritzpumpe im Dieselmotor verdanken wir dem Erfinder Rudolf Diesel, der auf die Idee gekommen sein soll, als er seine Frau mit einem Parfümzerstäuber hantieren sah. Die Idee zur Erfindung der Mikrowelle hatte ein Techniker, der vor einem Radargerät Schokolade schmolz.

John Dunlop soll die Idee für die Erfindung des Luftreifens gehabt haben, als er einen Gartenschlauch sah und untersuchte. Oder Elihu Thomson, der Erfinder des Elektroschweißens, der beobachtete, dass die Drähte in einem Generatorgehäuse bei der plötzlichen Entladung eines starken Stromes zusammenschweißten.

Diese Beispiele zeigen, dass erst eine scheinbar zufällige Anregung oder auch langes Herumprobieren zu einer Erfindung führt. Parfümzerstäuber, Gartenschläuche und durch Kurzschluss verschweißte Drähte haben schon viele Menschen gesehen, aber daraus keine Erfindungen abgeleitet. Es war ihnen auch gar nicht möglich, weil ihnen dazu die Voraussetzungen fehlten.

ANALOGIEN ZWISCHEN TECHNIK UND NATUR

Was haben Raketen und Tintenfische gemeinsam? Was verbindet den Eiffelturm mit dem Oberschenkelknochen?

Solche Fragen, die auf Vergleichen zwischen technischen und natürlichen Konstruktionen beruhen, haben die sogenannte Analogiebildung als Grundlage. Analogie bedeutet Gleichheit oder Ähnlichkeit. Analogiebildung ist also ein Vergleich von Merkmalen zwischen unterschiedlichen Objekten – hier zwischen Technik und Natur. Man sagt, eine Analogie besteht, wenn beide Objekte mindestens in einem Merkmal übereinstimmen.

In unserer Umwelt lassen sich viele Analogien aufdecken, so zum Beispiel solche zwischen Mohnkapsel und Salzstreuer, zwischen Krebsscheren und Zangen, zwischen Saugnäpfen des Kraken und Gummisaugnäpfen und zwischen Löwenzahnfrucht und Fallschirm. Erstaunt nehmen wir zur Kenntnis, dass sich viele technische Erfindungen kleinerer oder größerer Art von natürlichen „Konstruktionen" herleiten, ja dass die Natur gleichsam ein Patent-Arsenal, eine Fundgrube für technische Erfindungen ist.

Erfindungen machen unser Leben angenehmer und erleichtern uns so manche Arbeit. Sie sind die Grundlage unseres Wohlstandes und sind notwendig, um auf den Weltmärkten mit innovativen Produkten zu bestehen. Erfindungen sichern die Arbeitsplätze von heute und schaffen die von morgen.

Der scheinbaren Zufälligkeit von Entdeckungen und Erfindungen geht ein intensiver, bewusster und unbewusster Denkprozess voraus. Die Lösung, die zu einer Entdeckung oder Erfindung führt, wird durch äußere Anregung, man spricht von einer Analogie, in das Bewusstsein gefördert und führt zum sogenannten „Aha-Erlebnis", zum „Heureka – Ich hab's gefunden!" Letzteres wird bei Archimedes deutlich, der die Lösung zur Volumenbestimmung unregelmäßig geformter Körper entdeckte, als er in die Badewanne stieg und das von seinem Körper verdrängte Wasser beobachtete.

Die Analogisierung des eigenen Körpers mit einer Goldkrone, bei der zunächst das Volumen zu bestimmen war, setzt eine allgemeine, vergleichende Betrachtungsweise voraus. So verglich Archimedes die unregelmäßig geformte Krone, als geometrisch unbestimmter Körper, mit seinem Körper. Der menschliche Körper wurde also als natürliche Analogie genutzt. Aber folgen wir zunächst

Statischer Auftrieb

Er ist die Wirkung einer Kraft an einem von einer Flüssigkeit (Wasser) oder einem Gas (Luft) umgebenden Körper. Die verursachende Kraft heißt Auftriebskraft F_A. Sie ist der Gewichtskraft F_G entgegengerichtet. Sie hat ihre Ursache darin, dass auf den Körper von oben ein kleinerer Schweredruck wirkt als von unten.

Beispiel: Nautilus und Unterseeboot
Beide haben die gleichen Fortbewegungsfunktionen, wie Schwimmen, Sinken, Schweben und Steigen, obwohl der Aufbau unterschiedlich ist.

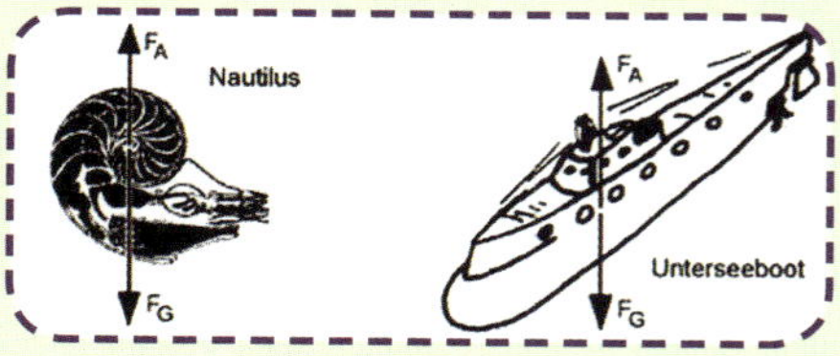

einmal den Spuren des Archimedes, der nicht nur eine praktische Verwertung seiner Entdeckung fand, sondern auch ein wichtiges physikalisches Gesetz, das des statischen Auftriebes, entdeckte.

Im dritten Jahrhundert v. Chr. herrschte in Syrakus auf Sizilien der König Hieron II. König Hieron ließ sich von einem Goldschmied aus einem Goldklumpen von zwei Kilogramm Gewicht eine Krone anfertigen. Es kamen ihm aber Zweifel, ob die Krone echt sei. Der Goldschmied konnte ihn ja auch betrogen und Silber oder Kupfer beigemischt haben, um so einen Teil des Goldes für sich zu behalten. Aber wie sollte er dies überhaupt feststellen? Die Krone sah sehr schön aus und glänzte vortrefflich wie reines Gold.

Nach längerem Überlegen erinnerte er sich an den Namen eines Mannes, der durch seine Entdeckungen und Erfindungen im ganzen Land berühmt war. Es war Archimedes, der auch in Syrakus lebte. Der König ließ ihn alsbald kommen und fragte ihn, ob er feststellen könnte, wie die Krone beschaffen war. Er sollte herausfinden, ob sie aus reinem Gold bestand. Für Archimedes war der Auftrag des Königs ein großes Problem und er gestand, dass er im Moment keine Lösung wusste. Er versprach aber dem König, darüber nachzudenken. Das Problem ließ Archimedes nicht mehr los.

Wo er ging und was er auch tat, war er ständig mit dem Problem beschäftigt. Sein Entdeckerdrang und Forschungsinteresse war geweckt worden. Archimedes wollte herausfinden, wie eine echte von einer unechten Krone zu unterscheiden

Die Entdeckung des hydrostatischen Auftriebs durch Archimedes von Syrakus

Hat der Goldschmied den König betrogen und der Goldkrone Silber beigemischt?

Archimedes weiß sicherlich eine Lösung.

Ob ich erst mal in die Wanne steige ?

So könnte ich das Volumen der Krone bestimmen !

Experiment: Volumen und Gewicht messen

Bestrafung des betrügerischen Goldschmiedes

sei, ohne sie jedoch zu beschädigen. Wenn der Goldschmied unehrlich war, hat er einen Teil des reinen Goldes durch Silber ersetzt. Hätte er also die Hälfte des Goldklumpens, ein Kilogramm, für sich behalten und durch ein Kilogramm Silber ersetzt, wäre das Gewicht der gefälschten Krone also zwei Kilogramm.

Heute wissen wir, dass Gold doppelt so schwer wie Silber ist und dass man umgekehrt fast das doppelte Volumen Silber benötigt, um die gleiche Gewichtsmenge Gold zu erhalten.

Wollen wir nun feststellen, ob die Krone aus echtem Gold ist, so müssen wir nur das Volumen der Krone und das des Goldklumpens vergleichen.

Archimedes musste also herausfinden, wie man sicher feststellen kann, dass zwei gleich schwere Körper unterschiedliches Volumen besitzen. Die während des Bades gefundene Lösung formulierte Archimedes dann später als physikalisches Gesetz des hydrostatischen Auftriebs. Es besagt, dass jeder Körper, der in eine Flüssigkeit getaucht wird, scheinbar leichter wird. Dabei ist die Gewichtsabnahme des Körpers gerade so groß, wie das Gewicht der vom Körper verdrängten Flüssigkeit.

Mit einer einfachen Balkenwaage und zwei Wasserbehältern kann das Experiment durchgeführt werden. In beiden Behältern ist die verdrängte Wassermenge und damit die Gewichtsabnahme gleich. Die Waage befindet sich dabei im Gleichgewicht. Ist die Krone echt, so müssen die Volumen gleich sein.

Eine gefälschte Krone mit Silberanteil hätte ein größeres Volumen. Die Wasserverdrängung und somit die Gewichtsabnahme ist größer als die des Goldklumpens. Durch das entstehende Ungleichgewicht wird die Krone angehoben.

Übrigens soll Archimedes, als er die Lösung zur Volumenbestimmung entdeckte, nackt durch die Straßen von Syrakus gerannt sein. Vor Freude über die gewonnene Erkenntnis hatte er vergessen, sich anzuziehen.

Die Archimedes-Anekdote ist ein treffendes Beispiel für die stimulierende Wirkung zufälliger Analogiebildung.

Alle diese Beispiele zeigen, dass mehr oder weniger zufällige Anregungen zur Lösung der Probleme führten. Neben diesem langwierigen, aufwändigen Weg existiert noch ein zweiter, der die Überwindung von Denkbarrieren durch gezielte und bewusste Nutzung von Methoden ermöglicht. Sie sind hilfreich, wenn es um die Befragung der Natur geht.

So ist es eine Tatsache, dass die Natur auf viele Fragen nützliche Antworten bereithält, die für die weitere Entwicklung von Technik äußerst bedeutsam sein

Überwindung von Denkbarrieren durch Analogiebildung

Warten auf den Zufall, der zur Problemlösung führt

Überwindung der Denkbarriere erscheint zunächst unmöglich

Naturanalogien als „Sprungbrett"

Überwindung der Denkbarriere durch gezielte und bewusste Analogiebildung

können. Ob es sich um Stabilität bei geringem Materialaufwand, Senkung des Strömungswiderstandes oder energiesparende Fortbewegungsweisen handelt, die lebende Natur mit ihrer Vielfalt an Mechanismen hat dafür interessante Lösungen parat. Die Natur kann aber nicht antworten und es ist daher nicht ganz so einfach, ihre Geheimnisse zu entlocken. Um Antworten zu bekommen, muss der Mensch Methoden anwenden. Dabei entwickelt er Fragestellungen, stellt Vermutungen auf, führt Untersuchungen durch, sammelt Daten und wertet diese aus. Dafür plant und führt er Experimente aus, baut Versuchseinrichtungen und Modelle, die der Aufdeckung von Zusammenhängen dienen und schließlich die aufgestellten Fragen beantworten.

Eine wichtige Methode des Lernens von der Natur ist die Analogiemethode. Eine Methode ist eine Vorgehensweise, die uns hilft, schnell und sicher zu einer Lösung zu gelangen.

Analogiemethode

Die Analogiemethode ist eine Methode zur Gewinnung und Übertragung von Erkenntnissen über den Aufbau und die Funktion bzw. das Verhalten von Pflanzen und Tieren auf technische Sachverhalte.

Vom Palmenblatt zum Faltprofil

Vom Storch zum Gleitflieger

Ausgehend von einem Problem zur Verwirklichung einer technischen Funktion werden Pflanzen und/oder Tiere mit gleichen Funktionen ermittelt, Funktionsmerkmale verglichen und anschließend die Möglichkeiten einer Übertragung von Merkmalen des Aufbaues auf das zu entwickelnde technische System überprüft. Für die zielgerichtete und systematische Analogiebildung empfiehlt sich folgende Orientierungsgrundlage als Schrittfolge:

Bionischer Denk- und Handlungsprozess (speziell)

Von der Natur ....
(Entdeckung)

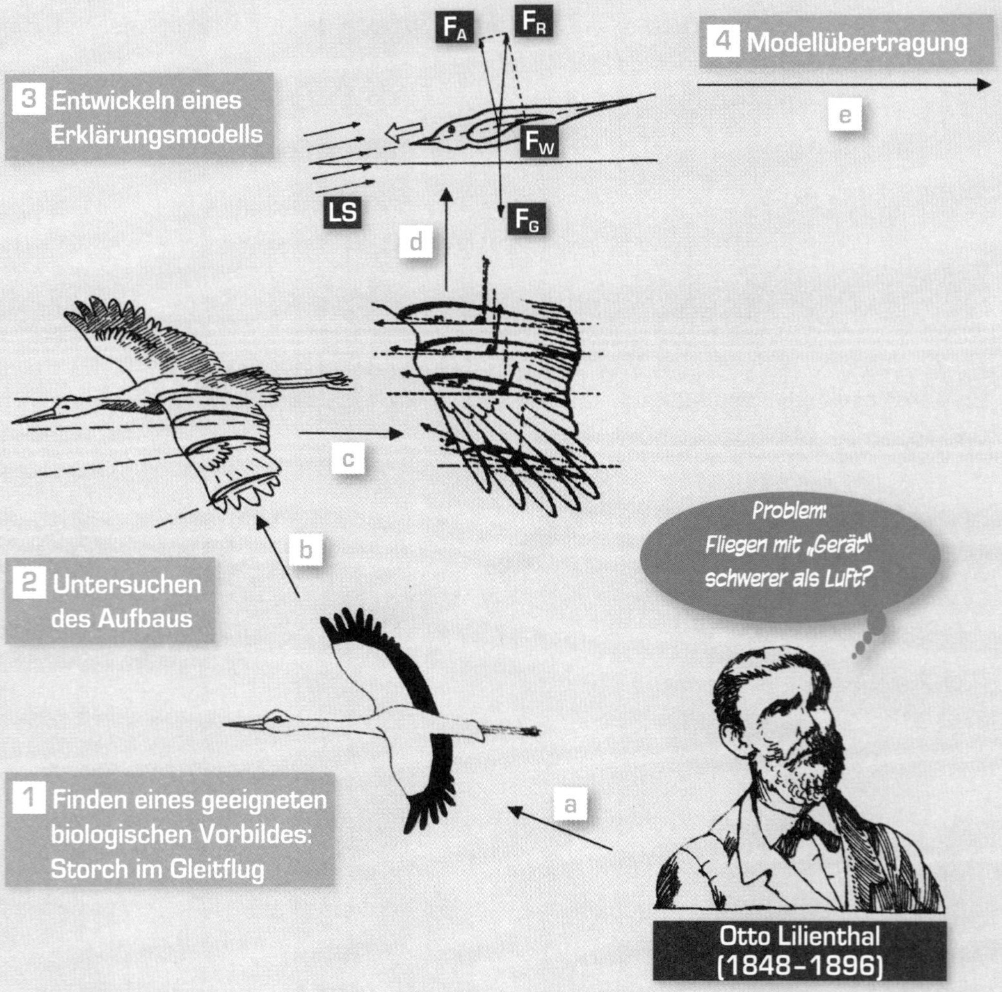

.... zur Technik
(Erfindung)

5 Ableiten des Konstruktionsmodells

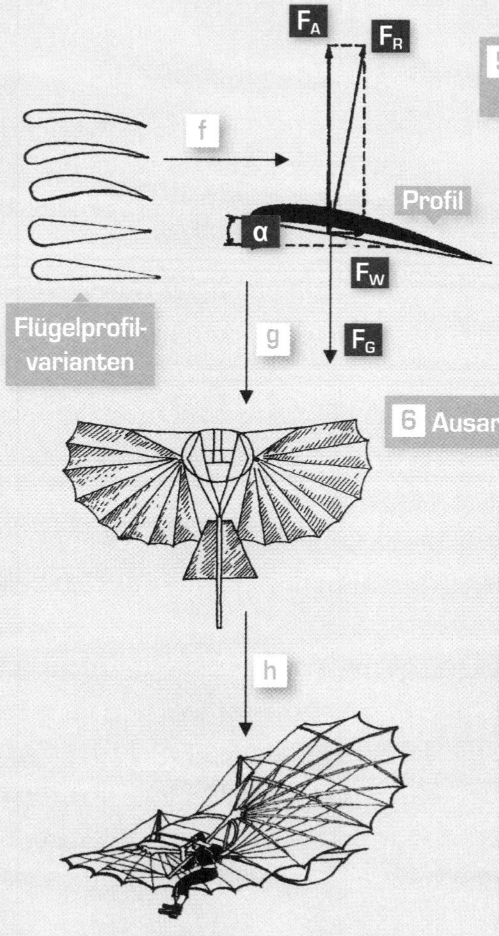

6 Ausarbeitung der technischen Lösung

7 Technische Lösung: Hängegleiter

- **a** Analogiebildung
- **b** Analysieren
- **c** Vom Ganzen zum Teil
- **d** Abstrahieren (Biologisches Wirkprinzip)
- **e** Übertragen in die Technik (Variation der Ausgangslösung – Flügelprofil des Erklärungsmodells)
- **f** Experimentieren mit den Profilmodellen bei unterschiedlichen Anstellwinkeln, Strömungsgeschwindigkeiten usw.
- **g** Anfertigen technischer Zeichnungen, Materialplanung, technologischer Ablauf usw.
- **h** Erarbeiten der stofflich-geometrischen Struktur/Prototyp/Test/Optimierung

1. Festlegen der gewollten technischen Funktion
2. Ermitteln von Vorbildern, die diese Funktion erfüllen (Nutzung von Wissensspeichern der Biologie oder Katalogen zu Funktionen und Strukturen von Pflanzen und Tieren oder auch direkte Beobachtungen in der Natur)
3. Festlegen des Prinzips (Vereinfachte Darstellung mit symbolischen Elementen des biologischen Vorbildes/Anfertigen eines Modells)
4. Übertragen der gewonnenen Erkenntnisse auf das zu lösende Problem

Im zweiten Schritt sollte zur Auffindung und Auswahl geeigneter biologischer Vorbilder eine Suchfrage formuliert werden. Die Untersuchung der Funktion einer Pflanze oder eines Tieres im Zusammenhang mit dessen Aufbau bildet die Voraussetzung für die Lösung eines Problems. Folgende Fragen sind daher bedeutsam:

- Wie wird das vorliegende zu bearbeitende Problem in der Natur gelöst?
- Welche Tiere und/oder Pflanzen können dazu Anregungen liefern?

Dadurch findet man Antworten, wie im Reich der Tiere und Pflanzen ähnliche Probleme gelöst werden.

Auch der ideale Büchsenöffner mit dem Namen „Ring-Pull", der von dem Amerikaner William Gordon erfunden wurde, ist durch Analogiebildung der lebenden Natur entstanden.

Gordon sagte sich, eine ideale technische Lösung ist eine solche, die nicht existiert, aber trotzdem ihre Funktion zu erfüllen vermag. Er entdeckte, dass sich in der Natur Schalen leicht öffnen, wenn die darin befindlichen Früchte reif sind. Er untersuchte „Reißnähte in der Natur", wie beispielsweise solche von Kastanienschalen, Eiern von Blattwanzen und Bananenschalen. Die Entdeckung der „Reißnaht" an der Banane führt zur Erfindung des Ring-Pull-Öffners, der einen Büchsenöffner überflüssig macht.

Wie bereits schon angedeutet, orientierte sich Lilienthal bewusst am Gleitflug der Störche, untersuchte zielgerichtet Flügelprofile und setzte die Erkenntnisse systematisch über den gewölbten Flügel durch Analogiebildung konsequent bei der Erfindung der Gleitflugapparate um. Auch hier wieder die allgemein gültige Vorgehensweise: Vom biologischen Vorbild Storchenflügel zum Prinzip

Die Erfindung des „Ring-Pull-Öffners“ durch William Gordon

des aerodynamischen Auftriebs und von da aus durch Veränderung der Flügelquerschnitte zur Gewinnung unterschiedlicher Flügelprofile, um jenes herauszufinden, welches die größte Auftriebskraft besitzt.

Flügelprofil

Querschnittsform des Flügels zur Erzeugung einer Auftriebskraft. Form des Profils und Größe des Anstellwinkels sind entscheidend für die Auftriebskraft. Es gibt verschiedene Flügelprofile. Das dargestellte Prinzip (allgemeine Darstellung) eines Profils gilt für Vogel- und Flugzeugflügel.

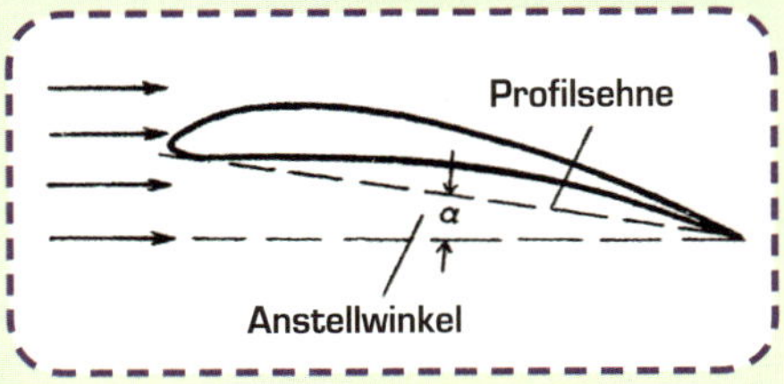

Danach Testen der verschiedenen Flügelprofile im Experiment, anschließend die Bewertung und Ermittlung des geeigneten Flügelprofils, anschließend die Umsetzung in die technische Lösung Gleitflugapparat. Diese systematische Vorgehensweise ist Bestandteil des naturorientierten Denk- und Handlungsprozesses.

Wie wir erfahren haben, kann das technische Problemlösen durch die Nutzung von Naturvorbildern nicht nur die Lösungsvielfalt erhöhen, sondern auch zu originellen Lösungsideen und Erfindungen führen. Problemlösen durch Anregungen aus der Natur wird einfacher und man kann Zeit sparen, weil auf Vorhandenes, seit Jahrmillionen Bewährtes, zurückgegriffen wird. Für das Lernen von der Natur ergibt sich eine verallgemeinerte Vorgehensweise in Form einer Gedankenbrücke, die von der Natur zur Technik, also vom biologischen Vorbild zur technischen Lösung führt. Oder anders ausgedrückt, von einer Entdeckung in der Natur zu einer Erfindung in der Technik. Es ist wie bei einem Fluss, den man sicher und schnell mit einer Brücke überqueren kann. Ähnlich verhält es sich, wenn wir vor einem Problem stehen und eine Lösung finden müssen. Die Brücke verbindet das Problem mit der Lösung.

Mit einer passenden Vorgehensweise lässt sich eigentlich jedes Problem lösen. Durch zielgerichtetes und methodisches Vorgehen arbeitet man nicht nur erfolgreicher, sondern lernt auch, wie man sich neues Wissen selbständig aneignen kann.

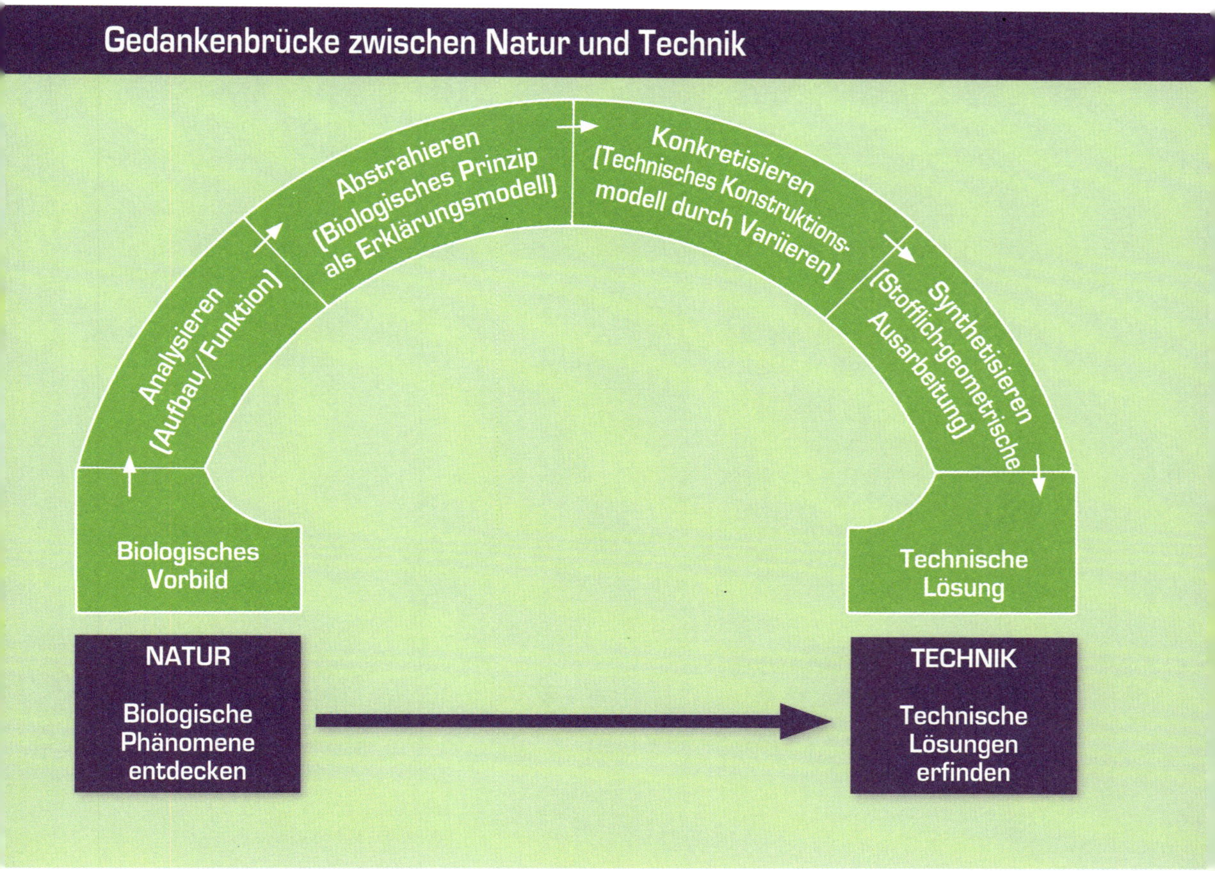

Das so neu erworbene Wissen lässt sich auf den Problemsachverhalt übertragen und führt schließlich zur Lösung des Problems. Die Anwendung und Nutzung dieser Strategie ist das eigentliche Lernen von der Natur.

MIT ORIENTIERUNG ZUR PROBLEMLÖSUNG

Für jede technisch zu realisierende Funktion gibt es in der Natur eine Vielzahl unterschiedlicher und wirkungsvoller Mechanismen als nutzbare Lösungspotenziale.

Man sollte sich deshalb immer fragen, ob sich eine bestehende technische Lösung noch weiter verbessern lässt – in der Natur findet man dazu viele Anregungen.

Bionischer Denk- und Handlungsprozess (allgemein)

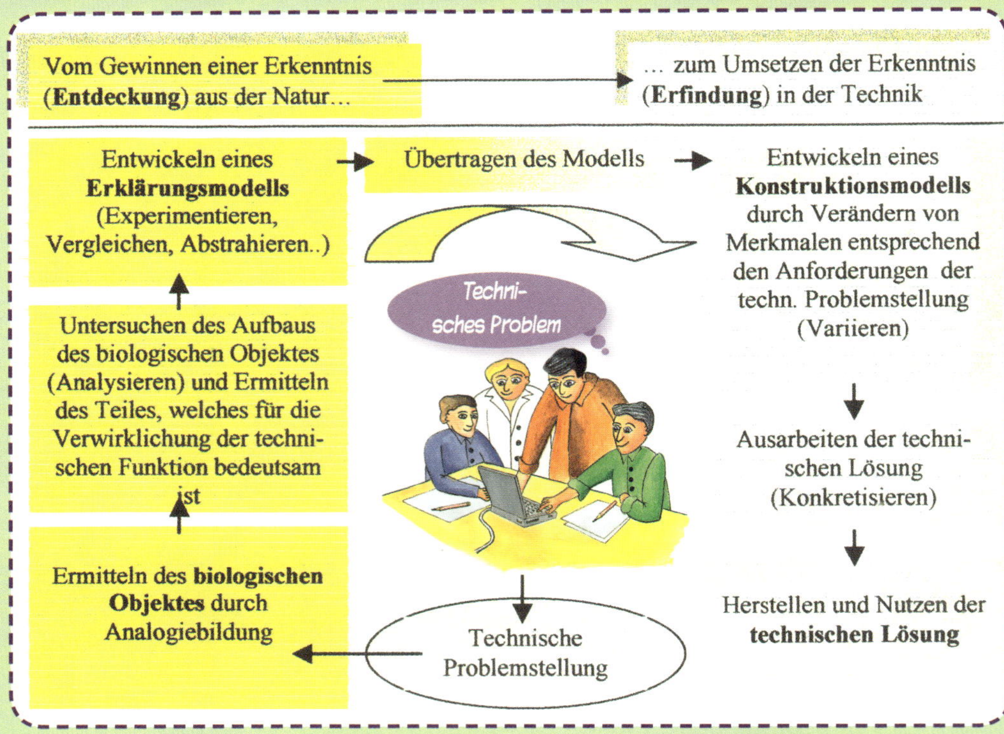

Der Denk- und Handlungsprozess Lilienthals und der der anderen Erfinder lässt sich verallgemeinern und führt zu einer universell anwendbaren Orientierungsgrundlage für das Lernen von der Natur.

Dieser Ablauf soll nun näher beschrieben werden, damit wir ihn zur Lösung verschiedenster technischer Probleme anwenden können. Zunächst wird von einer Problemstellung ausgegangen. Dazu sollte man das Problem formulieren und sich im Klaren sein, was überhaupt entwickelt bzw. erfunden werden soll. Dabei ist es hilfreich, eine technische Funktion zu formulieren, wie beispielsweise Verbinden zweier Teile, Reinigen von Materialien oder Energie sparendes Fortbewegen. Diese technisch zu realisierende Funktion wird nun durch Analogiebildung in die Natur übertragen, d. h. man sucht Pflanzen und Tiere mit der gleichen Funktion und deckt anschließend ihren „Bauplan“ auf. Das ist wichtig, denn eine

Funktion wird grundsätzlich durch eine geeignete Bauweise verwirklicht. Das ist in der Technik und in der Natur so.

Oft werden zwischen Problemlöser und biologischem Objekt bestimmte Geräte und Hilfsmittel geschaltet, mit denen die Grenzen der Wahrnehmungsfähigkeit, z. B. der des Auges, überschritten werden können. Die Wahrnehmungsleistung kann daher durch Lupe, Mikroskop und Fernglas verbessert werden. Auch sind oft Messgeräte und andere Gerätschaften nötig, um beispielsweise von Pflanzenhalmen Halmlänge, Halmdurchmesser, Abstände zwischen den Stängelknoten usw. zu ermitteln. Für die Bestimmung der Fallzeit von Flugsamen ist eine Stoppuhr notwendig, um das Samengewicht festzustellen eine Waage und um den Randwinkel

Analyse des Vogelflügels (Aufbau)

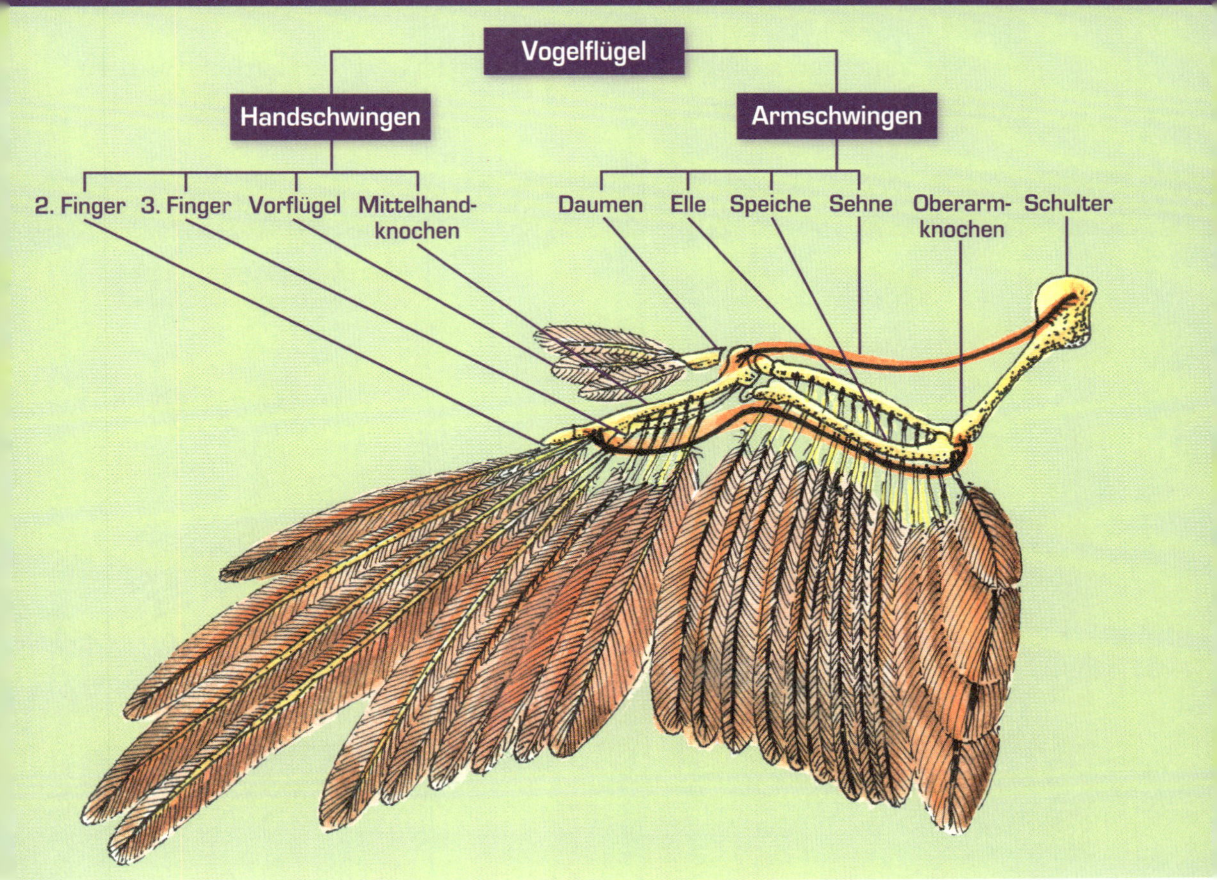

eines Wassertropfens auf einer Blattoberfläche zu messen ein Winkelmesser. Naturobjekte werden untersucht, indem man sich nach der ganzheitlichen Betrachtung (Pflanze oder Tier in der typischen Umgebung) den Einzelheiten zuwendet. Dazu muss das biologische Vorbild untersucht werden. Mithilfe der Analyse, die „Zerlegung“ bedeutet, betrachtet man das Vorbild in seinen einzelnen Teilen.

Gelegentlich kann auch nicht darauf verzichtet werden, es zu zerlegen, um den inneren Aufbau aufzudecken und zu bestimmen.

Otto Lilienthal wendete ebenfalls die Analyse an und gewann so Erkenntnisse über den Aufbau des Vogelflügels. Damit konnte er den Vogelflug besser verstehen und danach Modelle entwickeln und erproben.

Grundsätzlich sind zwei Wege zur Erforschung von Pflanzen und Tieren möglich:

- Beobachten durch Untersuchen und Beschreiben führt zur Ermittlung des Aufbaus,
- Experimentieren durch Prüfen oder Messen und Vergleichen führt zur Ermittlung der Funktion.

Biologisches Erklärungsmodell – technisches Konstruktionsmodell

Vogelflügel

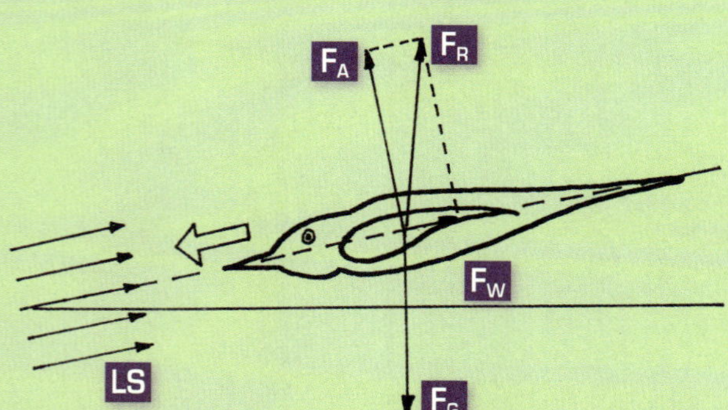

Abgeleitetes Flügelprofil

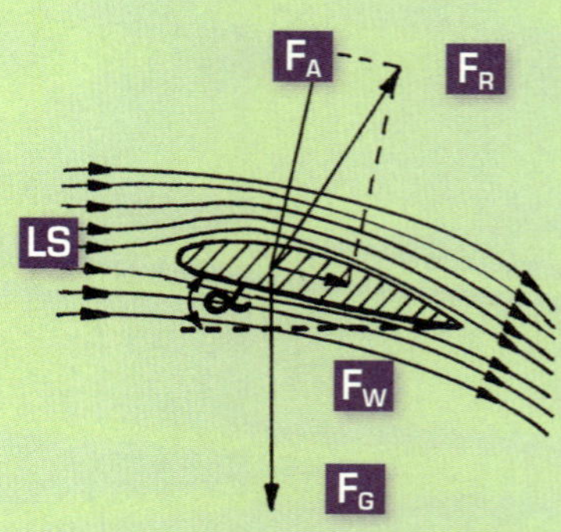

F_A Auftriebskraft
F_R Resultierende Luftkraft
F_G Gewichtskraft
LS Luftströmung
α Anstellwinkel

Die Verwirklichung des stabilen Gleitfluges in der Natur wird durch einen zweckentsprechenden Aufbau ermöglicht, der für die prinzipielle Übertragung auf den technischen Sachverhalt, die Konstruktion eines Gleitflugmodells, von Bedeutung ist.

Bei der Untersuchung des Naturvorbildes wird danach gefragt, wie es aufgebaut ist und aus welchen Teilen es besteht. Dazu eignen sich einige Orientierungsanweisungen:

- Ergründe, aus welchen Organgruppen das biologische Objekt besteht!
- Betrachte das biologische Objekt von allen Seiten und fertige gedankliche und, wenn nötig und möglich, auch reale Längs- bzw. Querschnitte an!
- Finde heraus, ob die Teile eine besondere Form, Größe, Anordnung oder andere typische Merkmale aufweisen!

Fassen wir zusammen: Soll also die Natur zur Lösung eines technischen Problems befragt werden, geht man zunächst von einem Analogievergleich aus, den wir schon kennen gelernt haben. Ist beispielsweise ein Gleitflugmodell zu entwickeln und zu bauen, ist es nützlich, von den hervorragenden Flugeigenschaften von Gleitflugsamen oder vom Gleitflug der Vögel auszugehen. Dazu benötigt man Modelle.

MODELLE FÖRDERN DAS VERSTÄNDNIS

Der Aufbau des Gleitflugsamens oder der des Vogelkörpers, aber besonders der Flügel, wird untersucht und beschrieben. Um die Funktion des biologischen Objektes zu verstehen, wird oft ein Modell angefertigt.

Modelle bilden wirkliche Dinge ab. Sie stellen aber immer nur eine Annäherung an die Wirklichkeit dar und stimmen nicht in allen Einzelheiten mit dieser überein. So bildet beispielsweise der Globus das Modell der Erde. Der Globus stellt dabei nicht alle Merkmale der Erde dar, sondern nur solche, die für die Erkenntnisgewinnung von Bedeutung sind. Das Modell ist stets eine Vereinfachung und Abstraktion des Originals.

Abstrahieren

Beim Abstrahieren werden ganz bestimmte Merkmale, die für die Erkenntnis des Menschen von Bedeutung sind, hervorgehoben und nicht bedeutsame einfach weggelassen.

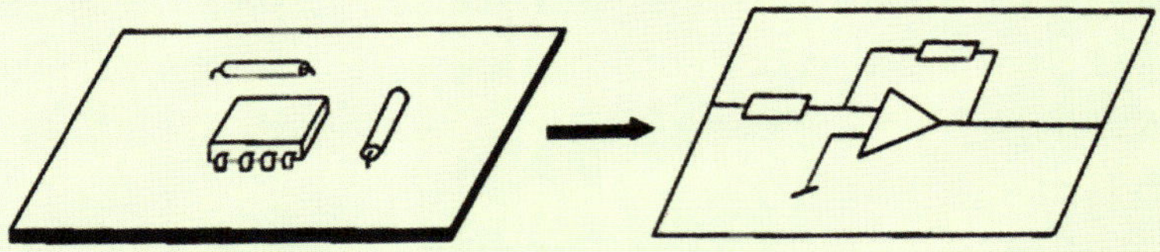

Beispiel: Elektrotechnik/Elektronik: Von den Bauelementen zum Schaltplan

Die gewonnenen prinzipiellen Erkenntnisse über Aufbau und Funktion des biologischen Vorbildes werden in einem biologischen Erklärungsmodell dargestellt. Dieses Erklärungsmodell kann als vereinfachte Darstellung mit symbolischen Elementen abgebildet werden. Bezogen auf den Vogelflügel zeigt das Erklärungsmodell, dass prinzipiell ein im Luftstrom gewölbter Flügel eine Auftriebskraft erfährt, die der Gewichtskraft entgegengerichtet ist. Das Erklärungsmodell bildet den Ausgangspunkt und zugleich die Ausgangslösung für eine Übertragung in die Technik. In der Technik dagegen spielen sogenannte Konstruktionsmodelle eine bedeutende Rolle. Das Konstruktionsmodell wird aus dem Erklärungsmodell abgeleitet. Dabei werden die Merkmale des Erklärungsmodells so verändert, das daraus das Konstruktionsmodell entsteht.

Beispielsweise werden auf der Grundlage des Erklärungsmodells – gewölbter Flügel im Luftstrom – Flügelmodelle mit unterschiedlichen Querschnitten abgeleitet, konstruiert und angefertigt, daher werden sie auch Konstruktionsmodelle genannt. Mit ihnen werden Experimente zur Ermittlung der Größe der Auftriebskraft und der des Strömungswiderstandes in Abhängigkeit vom Anstellwinkel der Flügel und von der Strömungsgeschwindigkeit durchgeführt. Die aus dem Experiment gewonnenen Erkenntnisse bilden so die Grundlage und Voraussetzung für die Anfertigung eines funktionsfähigen Gleitflugmodells.

Diese gezielte Veränderung von Merkmalen, wie beispielsweise die der Querschnittsform der Flügel, nennen Konstrukteure Variieren. Die dazu gehörige Methode ist die Variationsmethode.

Variationsmethode

Mit der Variationsmethode wird das Ziel verfolgt, bedeutende Merkmale einer Ausgangslösung so zu verändern, dass dadurch eine neue technische Lösung entsteht.

Sowohl in der unbelebten und belebten Natur als auch in der Technik sind Variationslösungen zu finden.

Beispiel: Unendliche Variationsvielfalt bei Schneekristallen
Die häufigste Grundform der Schneekristalle ist die Sechsstrahligkeit. Sie wird aus dem einheitlichen, naturgesetzlichen Aufbau der Wassermoleküle gebildet und variiert durch zufällige Ereignisse. Zu den zufälligen Ereignissen gehören beispielsweise Temperatur, Luftfeuchtigkeit, Luftdruck und Staubteilchen in der Luft. Die Grundform variiert nach den gegebenen Umweltbedingungen. In der lebenden Natur ist es ähnlich.

Gestaltvariation von Schneeflocken

Beispiel: Variation der Schnabelformen bei Darwinfinken
In der belebten Natur entstehen u.a. durch Variation, also das Verändern von Merkmalen, optimal angepasste Tier- und Pflanzenarten. So stammen die verschiedenen Finkenarten auf Galapagos von ein und derselben Finkenart, vom Südamerikanischen Körnerfresser, ab.

Variationen von Schnabelformen bei Kleidervögeln entsprechend den Ernährungsbedingungen

Alle Finkenarten, die sich untereinander vor allem durch spezielle Anpassungen an die auf den jeweiligen Inseln vorhandenen natürlichen Bedingungen unterscheiden, haben also eine Ausgangsform. Jede Art ist durch solche Merkmale gekennzeichnet wie Anzahl, Größe, Lage, Form, Material, Oberflächenbeschaffenheit u.s.w. Bei den Finken variieren z. B. die Form und die Größe des Schnabels nach den jeweiligen Ernährungsbedingungen: Kurzer breiter Schnabel – großer Keilwinkel – weist auf das Knacken von Nüssen und anderen harten Schalenfrüchten hin; langer schmaler pinzettenförmiger Schnabel – kleiner Keilwinkel – die Vögel dieser Art leben von Raupen und anderen Weichtieren aus Baum- und Erdspalten.

Keilwinkel

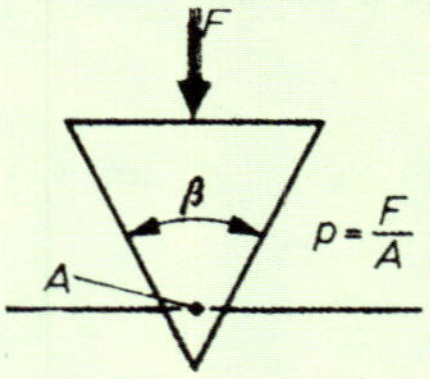

β- Keilwinkel

p- Druck

F- Rückenkraft

A- Fläche der Schneidkante

Zum Erfinden nach Naturvorbildern durch Variieren ist die nachfolgende Schrittfolge als Orientierungsgrundlage hilfreich:

1. Gewinnen bzw. Festlegen der Ausgangslösung. Diese wird oft durch die Analogiemethode gewonnen und bildet das Erklärungsmodell.
2. Bestimmen der zu verändernden Merkmale:

G	Größe	(von sehr groß bis sehr klein)
A	Anzahl	(einteilig, mehrteilig ...)
L	Lage	(vorn, hinten, oben, unten ...)
F	Form	(quadratisch, rechteckig, rund, dreieckig, trapezförmig, würfelförmig, quaderförmig, zylindrisch ...)
M	Material	(Holz, PVC, Stahl, Kupfer, Pappe ...)
O	Oberfläche	(rau, glatt ...)
B	Bewegungsart	(drehend, geradlinig, schwingend ...)
S	Schluss- oder Verbindungsart	(Form-, Kraft- und Stoffschluss).

3. Verändern der Merkmale entsprechend den Anforderungen an die technische Problemlösung.
4. Aufdecken der Variationslösung.

Otto Lilienthal deckte so auch durch das Variieren der Ausgangsform – Flügelprofil des Vogels – weitere Profilformen auf. Diese testete er im Experiment auf ihre Auftriebseigenschaften und konnte dadurch dasjenige Flügelprofil ermitteln, welches die größte Auftriebskraft aufwies.

Erst als er mit den Ergebnissen des Experimentes zufrieden war, ging er zum Bau des Flugapparates über.

Damit war ein technisches Produkt entstanden, an dessen Anfang des Entwicklungsprozesses ein Vorbild aus der Natur stand.

Erfinder ermitteln die günstigste Lösung durch das Bewerten der Lösungsideen nach vorher festgelegten Bewertungskriterien. Aus den Anforderungen, die dem Problemsachverhalt zu Grunde liegen, können entsprechende Bewertungskriterien abgeleitet werden. Soll zum Beispiel der Materialeinsatz einer technischen Lösung verringert werden, so lässt sich daraus das Bewertungsmerkmal „Materialaufwand" ableiten. Oder wenn es um die Bewertung von Flügelprofilen geht, ist das Merkmal „Größe der Auftriebskraft" von Bedeutung. Zur Bewertung von Lösungsideen eignet sich allgemein die Punktbewertung.

Bewertungsmethode (Punktbewertung)

Mit der Punktbewertung wird das Ziel verfolgt, jeder Lösungsvariante hinsichtlich der Erfüllung jedes aufgestellten Bewertungsmerkmals eine vorher festgelegte Punktzahl zuzuordnen. Diejenige Lösung, Idee oder Variante, welche die höchste Punktzahl erreicht, ist die günstigste.

Auch hier hilft eine Schrittfolge:

1. Festlegen von Bewertungsmerkmalen und Eintragen in die senkrechte Vorspalte einer Bewertungstabelle
2. Auflisten von Lösungsmöglichkeiten in die waagerechte Oberspalte der Tabelle
3. Bewerten jeder einzelnen Variante mit Punkten (1 bis 5) in Bezug auf die Erfüllung der Bewertungskriterien
4. Auswählen und Darstellen der günstigsten Variante

Jeder Lösungsvariante wird also bezüglich der Erfüllung jedes aufgestellten Bewertungsmerkmals sozusagen eine Note erteilt, entsprechend dem Notensystem in russischen Schulen.

1. ungenügend
2. genügend
3. befriedigend
4. gut
5. sehr gut

Die vergebenen Punktwerte ergeben dann beim Addieren einen Gesamtwert. Diejenige Lösungsvariante, welche die höchste Punktzahl erreicht hat, ist die günstigste. Eine Bewertungstabelle könnte in allgemeiner Form so aussehen:

Bewertungskriterien	Lösungsvariante 1	Lösungsvariante 2	Lösungsvariante 3	Lösungsvariante 4
Funktionserfüllung	4	3	5	5
Materialaufwand	4	3	5	2
Energieaufwand	4	3	5	5
Umweltfreundlichkeit	3	2	5	4
Aussehen (Ansprechendes Design)	4	2	4	4
Summe	19	13	24	20

Günstigste Variante

Die günstigste Variante kann nun verwirklicht werden. Bevor es an die Herstellung geht, wird oft erst ein sogenannter Prototyp gebaut. Dieser wird erprobt und getestet sowie, wenn nötig, verbessert. Ist man mit den Testergebnissen zufrieden, werden alle Vorbereitungen getroffen, damit die Herstellung erfolgen kann.

In der Natur gibt es noch ungeheuer Vieles zu entdecken und in die Welt der Technik zu übertragen. Öffnen wir diese „Schatzkiste des Lebendigen" und erschließen uns diesen fantastischen Reichtum an wirkungsvollen Mechanismen, effizienten Abläufen und staunenswerten Lösungen für eine umweltfreundlichere, wirtschaftlichere und menschengerechtere Technik.

Literaturverzeichnis

Anthony, J. (2000) Joseph Paxton. – Lifelines 21, Buckinghamshire/UK: Shire Puplications Ltd.

Coineau, Y.; Kresling, B. (1989) Erfindungen der Natur. – Nürnberg: Tessloff Verlag

Barthlott, W. (1998) Lotusblumen und Autolacke – Ultrastruktur pflanzlicher Grenzflächen und biomimetische unverschmutzbare Werkstoffe. – In: Biona-Report 12, Stuttgart, Jena, Lübeck, Ulm: Gustav Fischer-Verlag, S. 281–293.

Francé, R. H. (1920) Die Pflanze als Erfinder. – Stuttgart: Franck'sche Verlagsbuchhandlung

Gregus, F. (1988) Patente der Natur. – Heidelberg/Wiesbaden: Quelle & Meyer Verlag

Hertel, H. (1963) Struktur, Form Bewegung. – Mainz: Krauskopf Verlag

Heynert, H. (1976)	Grundlagen der Bionik. - Berlin: Deutscher Verlag der Wissenschaften
Hill, B. (1998)	Naturorientiertes Lernen. - Aachen: Shaker Verlag
Hill, B. (2002)	Der Methodenbaukasten - Ein Kompendium von Methoden zur Erkennung und Lösung technischer Probleme. - Aachen: Shaker Verlag
Hill, B./ Hrsg. (2006)	Bionik - Lernen von der Natur. - Berlin Frankfurt a. M.: Duden Paetec Verlag
Kesel, A. (2005)	Bionik. - Frankfurt/M.: Fischer Taschenbuch Verlag
Kramer, M. O. (1961)	The Dolphin's Secret. - J. Amer. Soc. Naval Engr., S. 103-107.
Lilienthal, O. (1910)	Der Vogelflug als Grundlage der Fliegekunst. - München und Berlin: Oldenbourg Verlag
Lukasch, B. (1990)	Die Aerodynamik zur Lilienthal-Zeit. - In: Otto Lilienthal 1891-1991: Hundert Jahre Menschenflug, Eggersdorf: Tatomat GmbH, S. 19-21.
Meister, M. (1998)	Haihaut hilft Sprit sparen - Was Flugzeuge von Haien lernen können. - In: Philip Morris-Forschungspreis 1998 - Die Preisträger.
Nachtigall, W. (1992)	Technische Biologie und Bionik - Was ist das? Bionareport 8: Technische Biologie und Bionik, Stuttgart, Jena, New York: Gustav Fischer Verlag

Nachtigall, W. (1993) Techniken der Natur abgeschaut. – In: Rundschreiben der Gesellschaft für Technische Biologie und Bionik, Saarbrücken

Nachtigall, W. (1997) Vorbild Natur. – Berlin, Heidelberg, New York: Springer Verlag

Nachtigall, W. (1999) Bionik – Was ist das ? – Universität des Saarlandes, Saarbrücken

Nachtigall, W. (2002) Bionik – Grundlagen und Beispiele für Ingenieure und Naturwissenschaftler. – 2. Auflage, Berlin Heidelberg: Springer Verlag

Patzelt, O. (1979) Triumph des Rades. – Berlin: Verlag der Technik

Wassermann, M. (1989) Otto Lilienthal. – Biografien hervorragender Naturwissenschaftler, Techniker und Mediziner; Bd. 81, Leipzig: B. G. Teubner

Werner, E. (1970) Der Kristallpalast zu London 1851. – Düsseldorf: Werner Verlag

Zdenek, C.; Barthlott, W.; Nieder, J. (2005) Erfindungen der Natur. Bionik – Was wir von Pflanzen und Tieren lernen können. – Reinbek b. Hamburg: Rowohlt Taschenbuch Verlag

Arbeitsblatt 1: Bionik – Lernen von der Natur für die Technik

**Vieles hat der Mensch von der Natur abgeschaut.
Finde heraus, welche Bilder zusammengehören.**

A
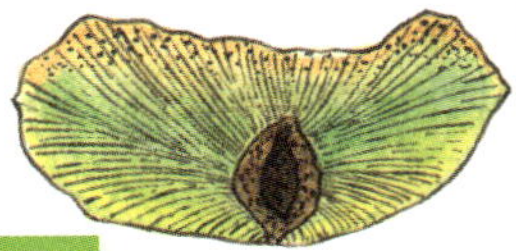
Flugsamen

B
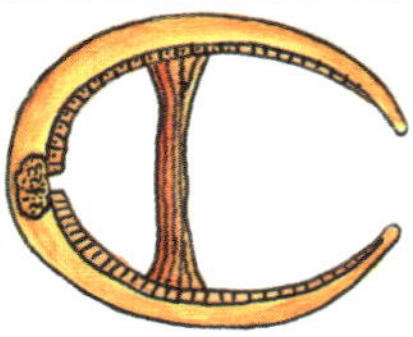
Muschel-
schale

C
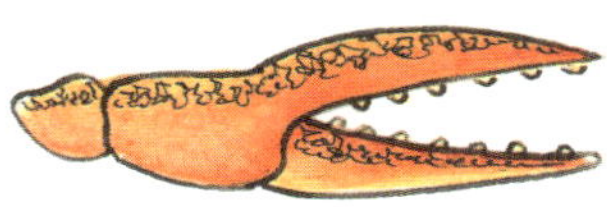
Krebsschere

D

Delfin

E
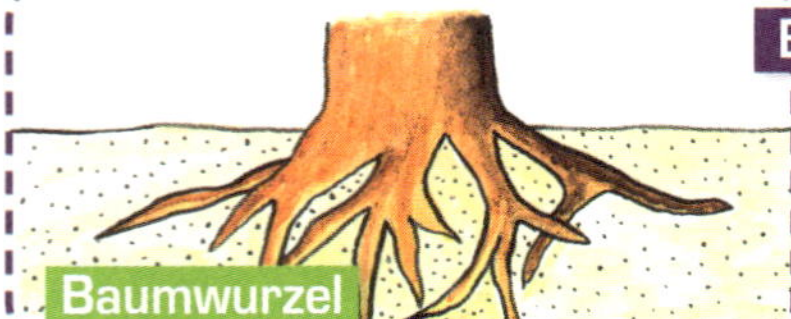
Baumwurzel

F

Entenfuß

1

Wäscheklammer

2

Wulstbug

3
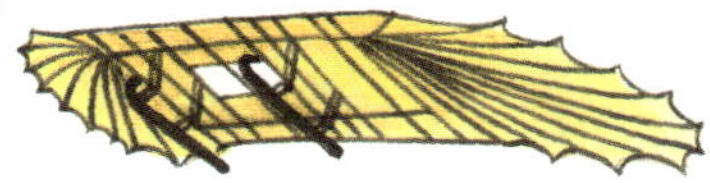
Gleitapparat

4

Ruder

5
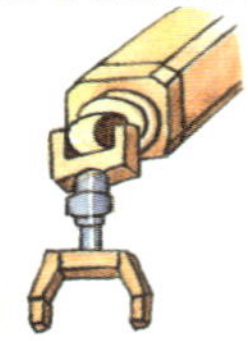
Greifarm

6
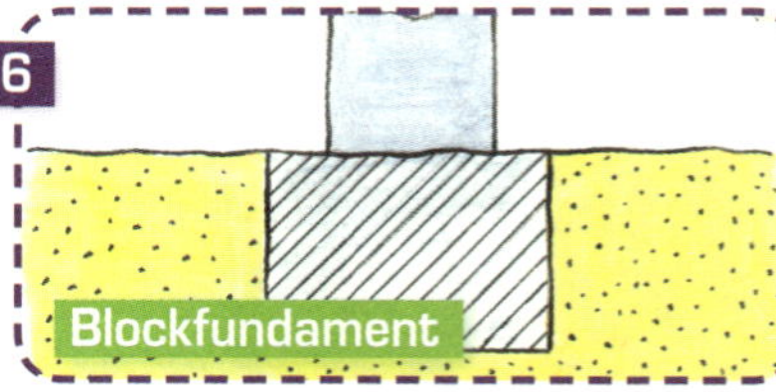
Blockfundament

Arbeitsblatt 2: Hebel oder Rad – Erfindungen in Natur und Technik

Weshalb gibt es keinen Jaguar auf Rädern, keinen Fisch und keinen Nachtfalter mit Propellerantrieb sowie keine Schildkröte mit Panzerkettenantrieb? Ist die Natur hinter der Technik des Menschen zurück?

a

Jaguar

b

Kofferfisch

c

Nachtfalter

d

Landschildkröte

Hat der Mensch die lebende Natur durch die Erfindung des Rades im Bereich der Antriebe übertroffen?

Lösungen

1 Bionik – Lernen von der Natur für die Technik

A 3; B 1; C 5; D 2; E 6; F 4.

2 Hebel oder Rad – Erfindungen in Natur und Technik

a. Der Jaguar auf Rädern bräuchte eine Straße. Im Regenwald könnte er sich damit nicht fortbewegen.
b. Der Kofferfisch muss im Korallenriff sehr wendig sein. Mit einem Schraubenantrieb würde er lange Beschleunigungs- und Bremswege benötigen.
c. Der Nachtfalter muss im Flug sehr schnell die Richtung ändern können, um Nahrung aufzunehmen oder vor Fledermäusen zu fliehen. Mit einem Propellerantrieb könnte er nicht so schnell reagieren.
d. Die Schildkröte könnte sich zwar mit einem Panzerkettenantrieb bewegen, würde aber bei größeren Hindernissen Schwierigkeiten bekommen.

Alle technischen Antriebe wurden vom Menschen erfunden. Die rotierenden Räder zur Fortbewegung erfordern ebene Untergründe, die in der urwüchsigen Natur so gut wie gar nicht zu finden sind. Hier hat sich der Hebel als Fortbewegungsprinzip durchgesetzt. Mit diesem Prinzip lässt sich unwegsames Gelände effizienter überwinden.

Außerdem widerspricht die Fortbewegung durch Räder dem Prinzip des zusammenhängenden Aufbaus eines lebenden Organismus, um die Lebensfunktionen aufrechtzuerhalten.

Tiere und/oder Pflanzen finden und untersuchen
⇨ Erkenntnisse in technische Lösungen umsetzen

1

Lege die technisch zu verwirklichende Funktion fest!

2

Suche Vorbilder (Pflanzen und Tiere), die diese Funktion erfüllen, durch ....

... Exkursionen in die Natur und/oder ...

... Informieren in einer Bibliothek sowie im Internet

3

Untersuche den Aufbau infrage kommender Tiere und/oder Pflanzen und ermittle das Prinzip!

4

Setze das Prinzip mit eigenen Ideen um und fertige eine Zeichnung oder Skizze an!

5

Baue ein Modell!

6

Erprobe und verbessere das Modell!

bereits erschienen

BIONIK – Von Flugfrüchten abgeschaut

Mit Flugsamen und -früchten können allerlei aufschlussreiche Experimente durchgeführt werden, um die Prinzipien des Gleit-, Schrauben- und Schirmfluges zu verstehen.

Mit dem zweiten Band „Von Flugfrüchten abgeschaut" wird die neue Buchreihe Bionik unter dem Motto „Frag' die Natur" fortgesetzt. Er zeigt u. a., wie durch die systematische und zielgerichtete Nutzung von Entdeckungs- und Erfindungsmethoden die Kreativität bei der Entwicklung von Flugobjekten nach Naturvorbildern entfaltet und sogar gesteigert werden kann.

ISBN: 978-3-944575-31-5
Preis: 16,95 €

BIONIK – Leichtbau

Leichtbauprinzipien der Natur zeigen auf eindrucksvolle Weise, wie bei der Verwirklichung von Konstruktionen mit einem Minimum an Biomaterial ein Maximum an Stabilität erreicht werden kann. Vorgestellt werden dabei natürliche Leichtbauprofile sowie interessante Faltprinzipien und ihre Anwendungen.

ISBN: 978-3-944575-32-2
Preis: 16,95 €

BIONIK – Riesenseerose und Kristallpalast

Im Mittelpunkt steht eine Pflanze der Superlative – die Riesenseerose vom Amazonas. Leser erfahren Wissenswertes über dieses botanische Wunder und die unermüdliche Abenteuerlust ihrer Entdecker. Berichtet wird vom Stabilisierungsprinzip der Blätter der Riesenseerose und dessen Umsetzung beim Bau des Londoner Kristallpalastes.

ISBN: 978-3-944575-33-9
Preis: 16,95 €

bereits erschienen

BIONIK – Schmetterlingen abgeschaut

Schmetterlinge sind wahre Überlebenskünstler, die viele Millionen Jahre lang allen ökologischen Veränderungen auf unserer Erde trotzten. Da es ihnen stets gelang, sich anzupassen, sind sie mit ihren interessanten Mechanismen zum Vorbild für allerlei Erfindungen des Menschen geworden.

ISBN: 978-3-944575-34-6
Preis: 16,95 €

BIONIK – Vom Fliegen

Der Traum des Menschen, sich den Vögeln gleich in die Lüfte zu erheben, hat sich mit der Erfindung des Flugzeuges verwirklicht. Dabei haben sich die Erfinder stets am Flug der Vögel und der vielen anderen flugfähigen Lebewesen orientiert. Auf diese Weise konnten sie wichtige Prinzipien entdecken und die gewonnenen Erkenntnisse bei der Entwicklung von Flugobjekten umsetzen.

ISBN: 978-3-944575-35-3
Preis: 16,95 €

BIONIK – Schätze aus dem Tropenwald

Unsere Regenwälder sind eine wahre „Schatzkiste des Lebendigen“. Kein Wunder, dass Ingenieure, Architekten, Ökologen und Pharmakologen in dieser reich gefüllten Schatztruhe nach genialen Erfindungen und raffinierten Tricks der Natur suchen. Im siebten Band der Reihe werden Bedeutung, Schutz und vielfältige Nutzungsmöglichkeiten des Tropenwaldes aufgezeigt.

ISBN: 978-3-944575-36-0
Preis: 16,95 €

BIONIK – Schwimmen und Tauchen

Schwimmen und Tauchen sind wichtige Bestandteile der Bewegungsbionik. Der achte Band unserer Sachbuchreihe „Bionik“ führt anschaulich in diese Fortbewegungsmöglichkeiten im Wasser ein. Im Mittelpunkt stehen dabei historische Betrachtungen, physikalische Grundlagen und interessante biologische und technische Sachverhalte.

ISBN: 978-3-944575-37-7
Preis: 16,95 €

bereits erschienen

BIONIK – Wärmedämmung

Lebewesen sind von ihren Umgebungstemperaturen abhängig und benötigen für ihre Körperfunktionen bestimmte Vorzugstemperaturen. Sei es das Fell der Säugetiere, das Federkleid der Vögel oder die Kleidung des Menschen – die Wärmedämmung hat eine wichtige „Überlebensfunktion“.

ISBN: 978-3-944575-38-4
Preis: 16,95 €

BIONIK – Seil- und Netzkonstruktionen

Spinnen sind faszinierende Lebewesen: Ihre bizarren Netzkonstruktionen versetzen uns in Erstaunen. Sie sind nicht nur raffiniert gebaut, sondern zeichnen sich durch äußerste Festigkeit und Elastizität aus. Kein Wunder, dass sich der Mensch für die Entwicklung technischer Konstruktionen seit jeher an diesen Netzgebilden orientiert.

ISBN: 978-3-944575-39-1
Preis: 16,95 €

BIONIK – Klimatisierung und Lüftung

In unseren Gebäuden benötigen wir ein angenehmes Raumklima. Dazu ist eine behagliche Temperatur, Luftfeuchtigkeit und Luftqualität erforderlich. Wir brauchen dafür die entsprechende Versorgungstechnik mit all ihren Maschinen und Anlagen, deren Energieaufwand beträchtlich ist. Die Einsparung von Energie, bei gleichzeitiger Schaffung eines höheren Wohnkomforts, ist daher das Ziel bei der Entwicklung klimatechnischer Anlagen. Viele interessante Anregungen sind dafür in den Bauten von Tieren zu finden, die raffinierte Lösungen zur Klimatechnik aufweisen. Anhand der Leitlinie „Biologische Phänomene zu natürlichen Klimaanlagen entdecken und nach ihnen technische Lösungen zu erfinden“ werden viele solcher Lösungen aus dem Tierreich in dem vorliegenden Band anschaulich dargestellt.

ISBN: 978-3-944575-40-7
Preis: 16,95 €

in Vorbereitung

BIONIK – Schönheit der Natur

Beim Betrachten bunt schillernder Schmetterlinge, farbenprächtiger Blüten von unübersehbarer Formenfülle und filigran geformter Kieselalgen erleben wir die überwältigende Schönheit der lebenden Natur. Dabei nehmen wir beim näheren Hinschauen bestimmte allgemeine Muster und proportionale Beziehungen wahr. Sie sind Ausdruck der in der Natur herrschenden, universellen Gesetzmäßigkeiten und Prinzipien, die sich auf der Grundlage von Mathematik und Physik beschreiben lassen. Für Designer und Künstler sind die Formen und Muster der lebenden Natur eine nicht versiegende Anregungsquelle und Fundgrube für kreatives Gestalten. Dieser Band zeigt anschaulich viele solcher Formen und Muster an Beispielen auf und gibt Hinweise zu Nutzungsmöglichkeiten des Naturdesigns.

ISBN: 978-3-944575-41-4
Preis: 16,95 €

Kinderbuch

NEU

BIONIK – Von der Natur lernen

ISBN: 978-3-944575-29-2; Preis: 15,00 €
60 Seiten, illustriert, Hardcover; Empfohlen ab 6 Jahren

Die lebende Natur steckt voller Wunder und interessanter Geheimnisse. Wir Menschen nutzen diese Wunder der Natur schon lange, um neue und wirkungsvolle Lösungen für die Technik abzuschauen. Tiere und Pflanzen als Vorbilder zeigen uns, wie wir mit geringem Materialaufwand und wenig Energie eine umweltfreundliche und menschengerechte Technik gestalten können.
Gemeinsam mit unserem schlauen Geckologo wollen wir uns aufmachen, die Geheimnisse der Natur zu lüften. Auf vielen bunt illustrierten Seiten zeigt uns Geckologo, was man von Pflanzen und Tieren so alles lernen kann.